200 Tipps für einen schönen Tag auf Föhr

200 Tipps für einen schönen Tag auf Föhr

Hans-Dieter Reinke / Daniel Hugenbusch

Ellert & Richter Verlag

Inhalt

Vorwort

Schon die Anreise mit der Fähre der Wyker Dampfschiffs-Reederei (W.D.R.) ist ein Erlebnis: Wattflächen oder das Wasser der Nordsee säumen, je nach Tide, die Fahrrinne, Möwen und Seeschwalben folgen dem Schiff, die Halligen liegen mit ihren Warften wie kleine Burgen über dem Horizont und alsbald taucht die grüne Insel, wie sie wegen ihrer ausgedehnten grünen Marschbereiche auch genannt wird, im Westen auf. Immerhin ist Föhr, das 1198 erstmalig urkundlich erwähnt wurde, mit ihren 83 Quadratkilometern Fläche die größte deutsche Insel ohne Landverbindung. Alle anderen größeren Inseln besitzen einen Damm zum Festland. Manch einer erinnert sich dann vielleicht an die kurzen Gedichtzeilen eines der prominentesten Föhr-Besucher, dem dänischen Märchendichter Hans Christian Andersen: „Schaut hin zum Land des Glücks, wie es da liegt im Licht, es schwimmt im Wasser, so wie mein Gedicht." Andersen war im Jahre 1844 einige Tage als Gast des damaligen dänischen Königs Christian VIII. auf der Insel und leitete sein Gedicht mit der einfachen Empfehlung ein: „Jedem Mann rat ich und jeder Frau, nach Föhr zu reisen, ganz genau."

Dem können wir uns nur anschließen, eine Empfehlung, die damals wie heute ihre Berechtigung hat. Föhr hat eine Menge zu bieten. Von den 37 km Küstenlinie entfallen 22 km auf grüne, von Schafen beweidete Deiche und 15 km auf Sandstrand für ausgedehnte Wanderungen, Strandkorb-Erholung und Badeerlebnis. Föhr gilt als deutlich milder als die eher rauen und wilden, von Dünen und Heiden dominierten Nachbarinseln Sylt und Amrum, in deren Windschatten das Klima milder und die anrollenden Wellen flacher und sanfter sind. Ideal also auch für einen Aufenthalt mit Kin-

dern, die das flache Strandwasser und das anliegende Watt schätzen.
Föhr gilt nicht nur deswegen als familienfreundlich, sondern auch wegen des umfänglichen Angebots an Einrichtungen, Festen und Veranstaltungen für Kinder. Piratentage, Kinder-Uni, Vorlese-Veranstaltungen, Radtouren, Wassersport und Watterkundungen sind nur einige der Beispiele.
Wer das Shoppingerlebnis sucht, das Promenaden-Flanieren liebt, gern ein gutes Restaurant besucht oder den Tag bevorzugt im Strandkorb und an der Wasserkante verbringt, ist auf der einzigen Stadt der Insel in Wyk genau richtig. All das findet man im kleineren Maßstab aber auch verteilt über die Insel in einer der 16 Ortschaften. Ruhe und Beschaulichkeit prägen die Insel an abgelegenen Strandabschnitten, in der einsamen Marsch, an den Salzwiesen und den Geesträndern. Eine Insel, die man sich am besten über die etwa 200 km Radwege erschließt, die kreuz und quer über die Insel führen.
Neben der stillen Inselnatur bietet Föhr aber noch ein anderes Gesicht und überrascht den naturbegeisterten Besucher mit einer der großartigsten und dynamischsten Naturlandschaften Mitteleuropas, dem Wattenmeer. Eine Wattführung oder eine Wanderung zur Nachbarinsel Amrum durch den Nationalpark und das Weltnaturerbe des Wattenmeeres gehören fast zum Pflicht-Programm eines Föhr-Aufenthaltes. Die Weite des Wattenmeeres und der Nordsee begeistert jeden Besucher.
Die Inselerkundungen werden uns neben den Naturerlebnissen auch mit der Kultur und Geschichte der Insel bekannt machen. Wir kommen vorbei an bronzezeitlichen oder sogar steinzeitlichen Grabanlagen, an einem hoch über der Landschaft aufragenden Burgwall aus der Wikingerzeit und neuen und alten Windmühlen. Drei mittelalterliche Kirchen beherbergen reiche Kulturschätze; auf den Inselfriedhöfen erzählen die Grabsteine von vergangenen Zeiten. Die alten, reetgedeckten, bisweilen rosenumrankten Kapitänshäuser in Nieblum und den anderen Ortschaften erinnern an die glorreiche Vergangenheit der Walfängerzeit und Handelsschifffahrt. Die friesische Tradition und Sprache werden auf Föhr und den anderen Geestinseln intensiv gepflegt und sind ein lebendiger Bestandteil des Insellebens. Das Friesenmuseum, das hierüber einiges zu berichten hat, und das Museum Kunst der Westküste in Alkersum sind die musealen Highlights der Insel.
Wir haben eine ganze Reihe von Unternehmungs- und Entdeckungsmöglichkeiten, Besonderheiten und Bekanntem auf der Insel gefunden und in Tipps zusammengestellt. Sie werden sehen, es gibt viel zu entdecken und zu erleben. Genießen Sie Ihre Zeit auf Föhr und vielleicht werden Sie wie viele der Inselgäste vor Ihnen, schnell zu Stammgästen und kehren immer wieder gern zurück. Seien Sie willkommen auf der grünen Insel, in der Friesischen Karibik, als das es die Tourismus-Verantwortlichen gern bezeichnen, oder im „Land des Glücks", um es mit dem dänischen Märchendichter Hans Christian Andersen zu sagen.

Daniel Hugenbusch und
Hans-Dieter Reinke

Wyk

1 Genießen
Dagebüll, Wyk

Der Insel- und Hallig-Verbinder

Für viele Föhr- und Amrum-Besucher beginnt der Urlaub, sobald sie am Festland das Fährschiff der Wyker Dampfschiffs-Reederei (W.D.R.) bestiegen haben und die Leinen im Dagebüller Hafen losgemacht sind. Sanft gleiten die modernen Autofähren durch den Nationalpark Wattenmeer. Der Blick schweift über den weiten Horizont und inmitten der Szenerie ist die Urlaubsinsel in der Ferne bereits erwartungsfroh in ihren Umrissen zu erkennen. Die bereits 1885 gegründete W.D.R. verbindet die Inseln Föhr und Amrum und von Schlüttsiel aus auch die großen Halligen Hooge und Langeneß mit dem Festland und untereinander. Sie ist die größte Reederei an der schleswig-holsteinischen Westküste und wichtigster Arbeitgeber auf den genannten Inseln. Neben dem Liniendienst werden auch Ausflugsfahrten, beispielsweise nach Dänemark, Sylt oder in die Halligwelt organisiert. Und wenn Sie in Wyk oder Wittdün in einen der Linienbusse umsteigen, haben Sie es bereits wieder mit der W.D.R. zu tun; denn die Buslinien auf Föhr und Amrum werden auch von der Reederei betrieben.

Wyker Dampfschiffs-Reederei (W.D.R.)
Am Fähranleger 1
25938 Wyk auf Föhr
T. 04681 800 (tgl. 8–18 Uhr)
faehre.de

2 Entdecken Wyk

Gut informiert über die Insel

Im etwas erhöht im Hafengelände liegenden W.D.R. Servicegebäude findet sich für Anreisende die erste Anlaufstelle der Föhr Tourismus GmbH. Neben Karten- und Prospektmaterial gibt es Informationen zu Veranstaltungen, Unterkünften, Fahrplänen, Unternehmungsmöglichkeiten und vielem mehr. Nicht weit entfernt im ehemaligen Hafenamt kann man sich im „Föhr to Huus" in der Hafenstraße 44 nicht nur informieren, sondern auch mit allerlei Föhr-Souvenirs eindecken. Vor dem Gebäude steht seit 1999 freundlich grüßend die Holz-Skulptur „Fiete Föhr" (Foto). Ursprünglich aus Ulmenholz gefertigt, die Bäume, die früher alleeartig den Sandwall und andere Areale schmückten, wurde der freundliche Fiete 2007 in Eichenholz erneuert. Bis 1994 mussten auf Föhr fast alle Ulmen, die z. T. bereits 200 Jahre alt waren, gefällt werden, da die durch einen Schlauchpilz verursachte und den Ulmensplintkäfer übertragene Ulmenkrankheit die Bäume zum Absterben gebracht hatte.

Weitere Tourist Informationsstellen befinden sich im AQUAFÖHR im Stockmannsweg in Wyk, im Dörpshus in der Nieblumer Poststrat 2 sowie im Haus des Gastes (Klaf 2) in Utersum nahe dem Strand.

Föhr Tourismus GmbH
Feldstraße 36
25938 Wyk
T. 04681 300
foehr.de

3 Erleben
Wyk und die Insel- und Halligwelt

Ausflüge ins Wattenmeer und zu den umliegenden Inseln und Halligen

Vom Hafen in Wyk liegt einem sozusagen die Inselwelt zu Füßen und man kann zahlreiche Ausflüge und Schiffstouren unternehmen. Neben Amrum, Sylt und Helgoland können auch die Halligen Langeneß, Hooge und Gröde sowie der Japsand angesteuert werden. Es finden Fahrten zu den Seehundsbänken statt, aber auch an Piratenfahrten für Kinder, Halligmeer-Kreuzfahrten und erlebnisreichen Fahrten mit Krabben- und Seetierfang kann man teilnehmen. Neben der Wyker Dampfschiffs-Reederei (W.D.R.) bieten die Adler Reederei mit ihrem Schiff MS ADLER RÜM HART und die Halligreederei in Husum mit ihrer MS HAUKE HAIEN ein buntes und vielfältiges Angebot an maritimen Ausflugsmöglichkeiten an.

Schiffsausflüge ab Wyk
Wyker-Dampfschiffs-Reederei
faehre.de/ausfluege
Adler Schiffe
adler-schiffe.de
Halligreederei MS HAUKE HAIEN
wattenmeerfahrten.de

4 Erleben
Wyk bis Dunsum

Die Insel per Bus, Planwagen oder Friesenexpress erleben

Für einen ersten Inselüberblick lohnt sich eine Rundtour mit einem modernen Reisebus oder einem Planwagen der Firma Taxi-Korf, die seit 1983 ihre Fahrdienste auf der Insel anbietet. Los geht es am Reedereigebäude am Wyker Hafen und die 1,5 bis 2 Stunden dauernde Fahrt führt über Wrixum, Oevenum, Midlum und Oldsum nach Dunsum an die Westseite der Insel. Dort wird der Deich erklommen und der Ausblick aufs Wattenmeer und hinüber zu den Nachbarinseln kann genossen werden. Während der ganzen Tour, die dann über Borgsum und Nieblum zurück nach Wyk geht, gibt es Erläuterungen und Informationen zur Geschichte, Kultur, Natur und Besonderheiten. Etwas gemächlicher in 2 bis 2,5

Stunden geht eine Inselrundfahrt mit der Bimmelbahn, dem Friesenexpress, der am AQUA-FÖHR (Wellenbad) am Rebbelstieg 1 startet und ebenfalls am Dunsumer Deich eine kleine Pause einlegt.

Taxi-Korf
Kohharder Weg 16
25938 Wyk
T. 04681 3705 u. 0800 11113705
taxi-korf.com/inselrundfahrten

Friesenexpress Föhr
Koogskuhl 1
25938 Wyk auf Föhr
T. 0175 5104840 (Auskunft nur noch per SMS)
friesenexpress-foehr.de

5 Entdecken
Wyk

Gleich aufs Rad und nach Westen aufbrechen

Föhr lässt sich ausgezeichnet per Fahrrad erkunden und man kann gleich vom Hafen bzw. von Wyk aus zu einer Reihe von ausgearbeiteten Touren starten oder auf gut Glück losradeln. Steigungen sind kaum zu erwarten, lediglich der Wind, der meist aus westlichen Richtungen weht, kann einem die Tour etwas erschweren. Dann ist es gut, wenn man für die Strecke zur Westseite der Insel bis Utersum etwas mehr Zeit einplant. Man kann problemlos über die Fähre, nach dem Lösen einer ent-

sprechenden Zusatz-Fahrkarte, sein eigenes Fahrrad mitnehmen. Auf der Insel gibt es aber auch zahlreiche Fahrradverleihe und man kann sich gleich in Hafennähe eines leihen. Von den fünf ausgearbeiteten Thementouren der Föhr Tourismus GmbH starten drei in Wyk. Zur 40 km langen Rund-Föhr Strecke (Seestern-Symbol) kann man gleich vom Hafen aus aufbrechen. Auch die Schlemmertour startet in Wyk und führt über 34 km zunächst über die Marsch zur Westseite der Insel und über Goting und Alkersum zurück. Es werden diverse ausgewählte Erzeuger und Hofläden angesteuert. Diese Fahrt ersetzt die frühere Marsch-Viertel-Tour. Auch der Kunstweg (21 km) beginnt in Wyk und geht bis Oevenum. Zwei weitere Thementouren liegen im Westen der Insel.

Radtouren von Wyk aus
foehr.de/radfahren

6 Erleben
Wyk

Das Segelerlebnis im Wattenmeer

Die Groninger Tjalk LABOR SANITAS hat schon so einige Seemeilen durchs Meer segelnd zurückgelegt. Der 23 m lange Gaffelsegler ist im Jahre 1896 im niederländischen Smilde vom Stapel gelaufen und war als Frachtensegler im Einsatz. Im Jahre 2015 wurde der gemeinnützige Verein „Ronja" Eigner des Bootes und seither ist der Heimathafen auf Föhr. Es werden Segeltörns ins umliegende Wattenmeer und zu den Seehundsbänken, aber auch mehrtägige Touren für Gruppen angeboten. Bis zu 33 Personen können auf einer der erlebnisreichen Fahrten, bei denen auch Informationen zur Historie, zum Naturraum und zur Lebewelt sowie Kenntnisse zum Segeln und Navigieren vermittelt werden, teilnehmen. Für längere Touren, die auch mal in die Ostsee gehen können, gibt es Platz für bis zu 20 Übernachtungsgäste.

Ronja e. V.
Badestraße 12
25938 Wyk/Föhr
T. 0176 70083379
laborsanitas.de

7 Genießen
Wyk

Cocktail am Hafen

Die Bar, Kneipe und Cocktailbar Heimathafen befindet sich in einer alten Industriehalle mit Blick auf das Hafenbecken. Die urige Einrichtung vermittelt ein interessantes Ambiente. Kaminfeuer und gelegentliche Live-Musik runden das Programm ab. Hier kann man den Inselabend gemütlich ausklingen lassen, ein Bierchen oder Wein genießen oder den einen oder anderen Cocktail wie Caipirinha, Muscow Mule, Aperol Spritz oder Manhattan schlürfen.

Cocktailbar Heimathafen
Hafendeich 9
25938 Wyk/Föhr
T. 0176 21654735

8 Entdecken
Wyk

Informationen über die Säugetiere des Wattenmeeres und Tierrettung

Nahe am Hafen liegt das Robbenzentrum Föhr, eine gemeinnützige Initiative zum Schutz der Meeressäuger. Das von der Tierärztin Janine Bahr-van Gemmert und dem Wildtierexperten André van Gemmert gegründete Zentrum informiert die Besucher seit dem Jahr 2010 über die im Wattenmeer lebenden Rob-

ben, den Seehund und die Kegelrobbe. Es werden auch Fahrten zu den Seehundsbänken mit dem alten Frachtensegler LABOR SANITAS vom Robbenzentrum organisiert (s. Tipp 6). Junge von der Mutter verlassene Seehunde, sogenannte Heuler, die auf Föhr am Strand aufgefunden wurden, werden im Robbenzentrum tierärztlich erstversorgt. Eine Aufzucht und Auswilderung in der Nordsee erfolgt dann über die zentrale Seehundstation des Nationalparks Wattenmeer in Friedrichskoog. Janine Bahr-van Gemmert betreibt unweit des Robbenzentrums ihre Tierarztpraxis; anbei befindet sich das Tierhuus Föhr. Es handelt sich um eine von einem Verein seit 1998 betriebene Wild- und Fundtiernotaufnahme. Verlassene Jungvögel, kranke Igel, verletzte Seevögel, entlaufene Hunde und Katzen und andere in Not geratene Tiere werden aufgenommen und versorgt. Nach Möglichkeit werden sie wieder ausgewildert oder als Haustier an neue Besitzer vermittelt.

Robbenzentrum Föhr
Achtern Diek 5
25938 Wyk/Föhr
T. 0177 3300077 u. 0157 75054219
robbenzentrum-foehr.de

Tierhuus Insel Föhr e. V.
Hemkenweg 17a
25938 Wyk
T. 0177 3300077
tierrettung-föhr.de

9 Entdecken
Wyk

Wyker Markt-Attraktionen

An Sonntagen, etwa ab Ostern bis Mitte Oktober, ist am Binnenhafen und auf der Ostkaje in Wyk ordentlich was los. Es ist Fischmarkt. Von 11–15.00 Uhr gibt es nicht nur Fischbrötchen, sondern auch zahlreiche weitere Verkaufsstände, beispielsweise mit Kunsthandwerk und Souvenirs. Im Anschluss folgt noch ein Floh- und Trödelmarkt, bei dem es auch Einiges zu entdecken gibt. Nicht weit vom Hafen auf dem Rathausvorplatz mit dem Seehundbrunnen findet von Mai bis Oktober jeden Mittwoch und Samstag (9–12.00 Uhr) der Föhrer Bauernmarkt statt. Hier stehen regionale und frische Produkte wie Gemüse, Käse und Marmelade von der Insel im Mittelpunkt. Zum Saisonausklang im Oktober findet noch der Wyker Jahrmarkt statt, bei dem es gebrannte Mandeln, Zuckerwatte, Autoscooter- und Karussellfahrten nebst zahlreichen weiteren Attraktionen auf dem Heymannsplatz gibt.

Marktveranstaltungen Wyk
wyk.de/tourismus/maerkte
fischmarkt-wyk.de

10 Erleben
Wyk

Ein Rad für die Erkundung der Insel

Föhr ist eine Radfahr-Insel und Fahrradverleihe sind zahlreich über die ganze Insel verteilt. Wir nennen hier einmal beispielhaft eine der nahe dem Hafen gelegenen Verleihstationen im Gewerbegebiet, ca. 250 m vom Anleger entfernt: FÖHR BIKE. Hier gibt es neben klassischen Fahrrädern auch E-Bikes, Lasten- und Tandemrädern, Anhänger für Kinder und Hunde und Mountain-Bikes – falls man mal den Deich hinauffahren möchte. Die Leihräder lassen sich direkt vor Ort ausleihen oder vor Urlaubsantritt buchen und das Rad wird auch in die Ferienunterkunft geliefert. Bei Pannen und sonstigen Problemen kann man den Radverleih kontaktieren. Eine weitere Filiale von FÖHR BIKE befindet sich in Oldsum. Wer sich mit seinem Leihrad während der Inseltouren besonders angefreundet hat, kann es im Herbst vielleicht sogar günstig erwerben. Dann werden stets einige der Mieträder verkauft, um im Frühjahr den Fuhrpark mit neuen Modellen bestücken zu können.

FÖHR BIKE
Koogskuhl 1
25938 Wyk/Föhr
T. 04681 7488944
foehr-bike.de

11 Entdecken und Genießen
Wyk

Hochprozentiges von der Insel und aus aller Welt

Das Angebot an Weinen und Spirituosen dürfte auch anspruchsvolle Genießer zufriedenstellen. Im 2015 auf Föhr eröffneten Weinhaus am Meer gibt es italienische, deutsche, französische und spanische Weine, aber auch Chile, Südafrika, Australien, Kanada und weitere Weinanbauregionen der Welt sind vertreten. Hinzu kommen Feinkostangebote, Delikatessen, Schaumweine und Spirituosen wie Rum, Whisky, Grappa, Vodka und andere. Auch lokale Föhrer Spezialitäten sind vertreten, wie der auf der Insel angebaute Wein des Weinguts Waalem, Föhrer Whisky der Hinrichsen's Farm Distillery in Dunsum, der Föhrer Manhattan, ein Cocktail aus Whisky und Wermut sowie der Föhrer Dry Gin Roeloffs mit Algen, Queller und Wildrosenblüten. Die Inhaberin Nadja Roeloffs betreibt zudem eine International Wine School, die Kurse und Fortbildungen im Bereich Weine und Spirituosen anbietet.

Weinhaus am Meer
Koogskuhl 3
25938 Wyk/Föhr
T. 04681 7478680
weinhaus-am-meer.de

12 Erleben
Wyk

Das samstägliche Föhrer Nachtleben

Wer das aufregende Disco- und Kneipen-Nachtleben sucht, wird nicht unbedingt Föhr auf dem Zettel haben, aber dennoch gibt es eine Discothek auf der Insel, in der bereits seit Mitte der 1980er-Jahre jeden Samstag die Post abgeht. Nicht weit vom Hafen, etwas versteckt hinter dem REWE-Markt liegt die Disco, in der man am Wochenende das Tanzbein schwingen kann. Bisweilen spielen Live-Bands oder bekannte DJs legen auf. Da kann es dann durchaus schon mal bis in die frühen Morgenstunden gehen.

Discothek Olympic
Koogskuhl 6
25938 Wyk/Föhr
T. 04681 3744

13 Genießen
Wyk

Das Genuss-Paradies

Wer sich für delikate Besonderheiten, exquisite Delikatessen und ausgesuchte Spezereien begeistern kann, ist bei Klaus Imlau in seinem Geniesserparadies Kleine Sünden an der richtigen Adresse. Dem echten Genießer schwinden bei einem Blick durch die Scheiben der Kuchen-, Pralinen- und Gebäckauslagen

im Verkaufstresen und in die umliegenden Regale die Sinne. Einiges wie den Klassiker Oma Anna's Mandarinentorte mit Schmand, die Trümmer Torte (Erdbeersahne mit Mandel), ein schmackhaftes Gebäckstück oder eine ausgewählte Praline sollte man zusammen mit einer Tasse frisch gebrühtem Kaffees sogleich auf der Terrasse ausprobieren. Dann kann man den Laden durchstreifen und findet geschmackvoll ausgesuchte und zusammengestellte Spezialitäten aus aller Welt. Es gibt nicht nur Waffeln, Pralinen, Schokoladen und Süßigkeiten von beeindruckender Vielfalt und hoher Qualität, sondern auch Weine, Champagner, Spirituosen, Kaffees, Tees und Trinkschokoladen, Marmeladen, Fruchtsaucen, Gewürze, Essige und Öle, Nudeln, Saucen, Fisch sowie Geschirr, Seifen, Deko-Artikel und Weiteres. Wer da nicht etwas Handverlesenes für sich oder ein geeignetes Mitbringsel von der Insel findet, dem können wir nicht weiterhelfen. Wer sich nicht vor Ort entscheiden kann, hat immerhin die Möglichkeit das umfangreiche Angebot noch mal in aller Ruhe im Online-Shop durchzuarbeiten.

Kleine Sünden Föhr
Ziegeleiweg 2b
25938 Wyk/Föhr
T. 04681 7481410
kleine-suenden-foehr.de

14 Genießen
Wyk

Einkehrmöglichkeit in traumhafter Lage-
Vom Wintergarten oder der Sonnenterrasse im Bistro und Café Klein Helgoland hat man einen herrlichen Blick aufs Meer und auf den nahe gelegenen Sportboothafen. Das kleine Anwesen mit begrüntem und im Sommer blühendem Dach liegt exponiert am Deich und bietet eine durchgehend warme Küche. Mit Brunch geht es bereits los, bei dem neben Rührei , Bacon und Räucherlachs auch verschiedene regionale Spezialitäten serviert werden. Höhepunkt sind die nachmittäglichen Kaffee- und Teespezialitäten, zu denen es ein erlesenes Angebot an unterschiedlichen Kuchen und Torten gibt. Den Abend kann man dann im Bistro im friesischen Ambiente in der Kachelstube zubringen. Das Klein Helgoland ist ein idealer Ausgangspunkt für eine Radtour in den Nordteil der Insel oder eine Deichwanderung zur Boldixumer Vogelkoje oder sogar für eine Rundwanderung um die Insel.

Klein Helgoland
Café am Meer
Achtern Diek 14
25938 Wyk/Föhr
T. 04681 7471673
cafe-klein-helgoland.de

15 Entdecken und Erleben
Wyk

Infos über den Nationalpark Wattenmeer

Viele Föhr-Besucher kennen die seit vielen Jahren bestehende Nationalpark-Ausstellung am Rathausvorplatz nahe dem Seehundbrunnen. Die Räumlichkeiten stehen nun nicht mehr zur Verfügung , aber die Nationalpark-Verwaltung hat am Südstrand neue Möglichkeiten für die Präsentation ihrer Ausstellung gefunden. Diese kann voraussichtlich ab 2022 wieder besucht werden. Hier können sich die Besucher über das Wattenmeer, den Nationalpark und die Schutzbemühungen um diesen einmaligen Lebensraum informieren. Dieser kann in der neuen Ausstellung mit allen Sinnen erlebt werden. Vor naturgetreu gestalteten Aquarien können Groß und Klein das vielfältige Leben im Watt, der „Kinderstube der Nordseefische", bestaunen: Aug in Aug mit Scholle, Katzenhai und verschiedenen Krebsen. Ein begehbarer Wattwürfel zeigt stark vergrößert die verborgenen Wattbewohner und Hörstationen lassen verschiedene Vogelarten „zu Wort" kommen. Hier gibt es also reichlich Informationen und Anregungen über den faszinierenden Naturraum, der die gesamte Insel umgibt und prägt.

Nationalpark-Haus Föhr
Strandstraße 60
25938 Wyk/Föhr
T. 04681 4290
nph-foehr.nationalparkservice.de

16 Genießen
Wyk

Traditionskneipe für Seeleute und Fußballfans

Bereits 1978 brachte Franco Di Costanzo die Pizza und die italienische Küche nach Föhr, eine Tradition, die heute durch seine Söhne im Ristorante Franco in der Badestraße nahe dem Südstrand fortgesetzt wird. Franco widmet sich seit einigen Jahren der Traditions-Seemannskneipe „Glaube – Liebe – Hoffnung", die vielen früheren Föhr-Besuchern und Einheimischen als „Tante Hertha" ein Begriff war, wo man zu außergewöhnlich später Stunde noch ein gepflegtes Bier trinken konnte. Die urige Einrichtung mit vielen Seemannsutensilien und Mitbringseln aus allen Teilen der Welt ist zu großen Teilen erhalten geblieben. Zum Programm gehören bei Franco neben Skatturnieren, kleinen Festen, Grillabenden

und Buffetts auch die Fußballspiele der 1. und 2. Bundesliga, Champions- und Europa-League Spiele sowie der deutschen Nationalmannschaft, die die Gäste auf großen Bildschirmen miterleben können.

Glaube – Liebe – Hoffnung
Hafenstraße 28
25938 Wyk/Föhr
T. 04681 797

17 Entdecken
Wyk

Schokoriegel, Bier, Souvenirs und Föhr-Artikel bis tief in die Nacht kaufen

Das „Haus der Landwirte" ist ein historisches Gebäude in der Hafenstraße, das seit 1867 eine Gastwirtschaft beherbergte. Der auch heute noch angebrachte Name existiert seit 1914 und bezog sich darauf, dass die Landbevölkerung aus den Inseldörfern bei Stadtbesuchen dort gern einkehrte. Heute befindet sich in dem Gebäude der Tante Emma Laden, der Kioskartikel verkauft und vor allem täglich bis spät in die Nacht geöffnet hat. Entdecken kann man hier auch allerlei Souvenirs, Mitbringsel und Föhr-Artikel, wie beispielsweise kleine Strandkörbe, Leuchttürme, Fischanhänger, Föhr Laufente, Föhr Tasse, Föhr Schlüsselanhänger und Föhr Kapuzenpullover.

Tante Emma
Hafenstraße 2–4/Ecke Große Straße
25938 Wyk/Föhr
T. 04681 7488464
foehrerlieblingsstuecke.de

18 **Entdecken**
Wyk

Prominentes Haus am Sandwall

Ein markantes weißes Haus mit einem Doppelaufgang zum Haupteingang am Sandwall 11 ist als Häberlin-Haus bekannt. Hier wohnte, wie auch ein Schild am Gebäude erläutert, der Arzt, Heimatforscher, Meeresheilkundler und Museumsgründer Prof. Dr. Carl Häberlin (1870–1954) von 1904 bis 1954. Häberlin kam 1902 aus dem Schwäbischen auf die Insel. Der Schwabe Dr. Carl Gmelin holte ihn als Arzt für das von ihm gegründete Sanatorium auf die Insel. Häberlin blieb auf der Nordseeinsel und wirkte in vielfältiger Weise. Neben verschiedenen Ehrungen ist eine kleine idyllische nahe dem Haus gelegene Straße (mit Pumpe) nach ihm benannt, ebenso wie das von ihm gegründete Friesenmuseum auch als Dr.-Carl-Häberlin-Museum bekannt ist. Heute befinden sich hervorragend gelegene Gästezimmer und eine Ferienwohnung in dem Haus, in denen man sich einquartieren kann.

Haus Häberlin
Privatpension und Ferienwohnung
Sandwall 11
25938 Wyk/Föhr
T. 04681 4491
haus-haeberlin.de

19 Entdecken
Wyk

Die richtige Kopfbedeckung für jedes Wetter

Hut ab! Das Angebot an Kopfbedeckungen ist weit über die Insel hinaus bekannt und veranlasst auch immer wieder Inselgäste zum Kauf einer neuen Mütze die Insel Föhr anzusteuern. So ein neuer Hut, Mütze oder Kappe bietet nicht nur Schutz gegen Sonne, Kälte und Regen, sondern kann auch recht kleidsam sein. Wer also einen neuen Panamahut, Pudelmütze, Prinz Heinrich Mütze, Stetson, Föhr-Schirmmütze oder sonstige schicke Kopfbedeckungen sucht, sollte hier fündig werden. Darüber hinaus gibt es auch einige weitere Produkte wie Rucksäcke, Taschen, Handschuhe oder Schals.

Inspiration – Greg Hansen
Sandwall 12
25938 Wyk/Föhr
T. 04681 593440

20 Genießen
Wyk

Bei Kaffee und Kuchen am Sandwall

Der Sandwall ist die Flaniermeile und das touristische Zentrum des Orts. Hier kann man unter schattenspendenden Bäumen (auch wenn es keine Ulmen mehr sind) mit Blick auf Meer, Sandstrand, Badeleben und den fernen Horizont entlangwandern. Auch die Seglerbrücke und die Mittelbrücke, einst Anlegestelle der ersten Dampfer, diverse Bänke, Großschachflächen und der Gezeitenbrunnen mit wasserspeiendem Meeresgott Ekke Nekkepenn und seiner Frau Ran bereichern die Szenerie. Neben Einkaufsmöglichkeiten gibt es Eisdielen, Milchbars und zahlreiche Cafés, von denen wir einige nennen, und die neben einem umfänglichen Kaffee- und Kuchen-Angebot bei schönem Wetter diverse Freiluft Sitzplätze mit Blick auf Meer und Strand bieten. Es sind hier zu erwähnen: Das Café die insel, das Café Steigleder, das Café CoffeeFee, das Kurhauscafé und das Café Milchbar. Trotz des reichen Angebots kann es an einem schönen Sommer-Nachmittag möglichweise nicht sofort klappen, einen freien Tisch zu ergattern.

Cafés am Sandwall
Café die insel, Sandwall 18
cafedieinsel.de
Café Steigleder, Sandwall 28
cafesteigleder.de
Café CoffeeFee, Sandwall 34
Café und Bistro Kurhauscafé,
Sandwall 40
kurhaushotel-wyk.de
Café Milchbar, Sandwall 42
cafemilchbar-wyk.de

21 Entdecken
Wyk

Spezialitäten aus dem Hinterhof

Etwas versteckt, aber gut ausgeschildert, geht es vom Sandwall in den Hof, wo es allerlei Föhrer Spezialitäten zu entdecken gibt. Vor allem hausgemachte Wurst- und Fleischwaren wie Lammspezialitäten, Landrauchschinken, Deichknacker, aber auch Käsespezialitäten, Marmeladen, Tees, Liköre, Vogelhäuser, Maritimes und vieles mehr. Landestypisches im Glas wie Sauerfleisch, Apfel-Leberwurst, Krabben-Leberwurst oder Lamm-Leberwurst eignen sich ebenso als Mitbringsel wie der Kräuterschnaps Föhrer Bullen-Elexier, Oma Kopp's Eierlikör, der Sanddornlikör oder der Föhrer Inselkäse.

Kopp im Hof
Föhrer Spezialitäten
Sandwall 10
25938 Wyk/Föhr
T. 04681 7464965
facebook.com/Kopp-im-Hof-303259679739347

22 Erleben
Wyk

Aufrecht durch die Meereswellen – Stand-Up-Paddling (SUP)

Stand-Up-Paddling (SUP) hat sich zu einer Trend-Sportart entwickelt und man sieht die Paddler immer mehr auf Binnengewässern und auch an den Meeresküsten gemächlich auf ihren Brettern dahingleiten. SUPen ist auch auf Föhr möglich und am Sandwall gibt es das SUP Island, in dem nicht nur Material und Zubehör für diesen Sport im Shop erworben werden können, sondern man kann Kurse buchen, sich Ausrüstung ausleihen oder für die Teilnahme an SUP-Touren anmelden. Diese gehen beispielsweise zu den benachbarten Inseln Amrum und Sylt oder zu den Halligen Langeneß, Oland und Hooge. Im Laden kann man sich aber auch mit weiteren Produkten, von der Badehose über die Mütze und Sonnenbrille bis zur Winterjacke eindecken. Bei allen Verkaufsartikeln wird auf Nachhaltigkeit geachtet und sie sollen möglichst fair gehandelt und recycelbar sein. Dann man rauf aufs Board und ab durch die Brandung!

SUP Island Föhr by Mine und Flo
Sandwall 54
25938 Wyk/Föhr
T. 04681 7879825
supisland.de

23 Entdecken
Wyk

Der Dauer-Flohmarkt

Antik steht groß über dem Laden mit einladender Veranda, auf der den Besucher bereits die ersten Ausstellungs- und Verkaufsstücke erwarten. Was aussieht wie ein großer überdachter Flohmarkt lädt zum Stöbern und Entdecken ein. Vielleicht finden Sie das, was Sie schon lange gesucht haben oder von dem Sie noch gar nicht wussten, dass Sie es suchen. Neben Möbeln, Wandbildern, Vasen und Gläsern gibt es auch Bücher, CDs und mancherlei Föhr-Utensilien. Bekannt ist der Laden aber vor allem auch für die handgefertig-

ten und maßgeschneiderten Föhr-Ringe von Inke Peper sowie den Gummistiefelverleih – nach eigenen Angaben war er bei der Gründung vor vielen Jahren der erste Deutschlands.

Antiquitäten Peper
Antik und Bernstein
Sandwall 58
25938 Wyk/Föhr
T. 04681 4113

24 Genießen
Wyk

Der Musikgenuss mit Meeresblick

Das Kurhaus ist ein traditionsreiches Haus, das sich mit seinen 29 Doppel- und 6 Einzelzimmern und einer Suite in zentraler Lage mit einzigartigem Meeresblick präsentiert. Ebenfalls im Hause befinden sich das Kurhauscafé, die italienische Eisdiele „Glenn-gelato“ und das Filmtheater am Sandwall. Bekannt ist das Kurhaus durch den dortigen Aufenthalt des Walzerkönigs Johann Strauss (Sohn) 1878/79, der ihn zur Komposition des 1879 uraufgeführten Walzers „Nordseebilder“ inspirierte. Musik spielt hier auch heute noch eine wichtige Rolle: Gegenüber an der Promenade befindet sich der Musikpavillon, in dem von Mai bis September die „Musik am Meer“ für die Föhr-Gäste präsentiert wird. Etwa alle 10 bis 14 Tage wechseln die Bands, die ein buntes musikalisches Programm von Jazz, Pop, Schlager, Folk und anderen Musikrichtungen bieten. Beim mit dem Musikgenuss gepaarten eindrucksvollen Meeresausblick kann man die Gedanken in die weite Ferne der Nordsee schweifen lassen. Im Veranstaltungszentrum am Sandwall 38 finden Sie eine Biomaris-Filiale, in der Sie sich mit Produkten für Schönheit und Gesundheit aus dem Meer eindecken können und im anliegenden Gartenbereich befinden sich neben einer Kräuterspirale auch einige Outdoor-Fitnessgeräte.

Kurhaus Hotel
Sandwall 40
25938 Wyk/Föhr
T. 04681 792
kurhaushotel-wyk.de

Musik am Meer
Mai bis September im
Musikpavillon

25 Entdecken
Wyk

Das Gold des Nordens in Uwe's Truhe

Bernstein fasziniert die Menschen seit Jahrtausenden. Er war in früheren Zeiten ein wichtiges Handelsgut und wird auch als Gold des Nordens bezeichnet. Das fossile Baumharz aus früheren Wäldern auf dem heutigen Gebiet der Ostsee ist mehrere Millionen Jahre alt. Bisweilen kann man an der Nord- und Ostsee Bernstein am Strand oder auf den Sandbänken finden. Auf Föhr ist die Wahrscheinlichkeit allerdings gering, größere Stücke zu finden. Gehen Sie also mal in Uwe's Bernsteintruhe und öffnen den Deckel. Hier gibt es nicht nur erlesene und attraktive Bernstein-Schmuckstücke als Anhänger, Ketten, Ringe und Broschen, sondern auch Naturbernstein in allen Farben, Formen und Variationen. Uwe Petersen ist der einzige professionelle Bernsteinsammler auf den Nordfriesischen Inseln und betreibt seinen Shop, der auch einen Online-Verkauf besitzt, seit 1995. Der Bernsteinzoo aus geschnitzten Figuren mit 200 verschiedenen Tierarten wie Pferd, Wal, Wolf, Fisch, Schildkröte, Nilpferd und anderen umfasst rund 400 Exemplare. Er gilt als größte Bernstein-Tiersammlung der Welt.

Uwe's Bernsteintruhe
Große Straße 28
25938 Wyk/Föhr
T. 04681 7412287
uwebernstein.de

26 Genießen
Wyk

Die genussvolle Sterneküche

Neue Klassik nennen die Betreiber des Alt-Wyk ihre anspruchsvolle, schnörkellose und internationale Küche, die sich durch Frische, Saisonalität und Hochwertigkeit auszeichnet. Selbst die Kleinigkeiten wie Brot und Pralinen sind selbst gefertigt. Ein Menü mit der passenden Wein-Begleitung in den hellen, freundlichen, antik und maritim-friesisch eingerichteten Räumlichkeiten ist ein Genuss. Nicht umsonst besitzt das Betreiber-Ehepaar bereits seit 2012 einen der begehrten Michelin-Sterne. Das Restaurant ist auch Partner beim Naturgenussfestival der Stiftung Naturschutz, bei dem jedes Jahr viele Akteure die Verbindung von Natur, Genuss und Naturerhalt in zahlreichen Veranstaltungen präsentieren. Der richtige Fan des Restaurants Alt Wyk kann sich zudem direkt im Haus einquartieren: Es gibt die beiden Ferienwohnungen Feriengluck und Ferienperle. Dann sind die Wege zum abendlichen Menü nicht so weit.

Restaurant Alt Wyk
Große Straße 4
25938 Wyk/Föhr
T. 04681 3212
alt-wyk.de

27 Entdecken
Wyk

Spielzeug

Das lässt das Kinderherz höher schlagen: Das bereits seit über 25 Jahren existierende Schaukelpferd in der Großen Straße bietet ein buntes Sortiment an Puppen, Autos, Lego, Strandspielzeug, Hör-CDs, Spielen und vielem mehr. Die Spiele können auch gegen eine geringe Gebühr für zwei Tage ausgeliehen werden. Bei einem möglichen späteren Kauf wird die Leihgebühr verrechnet. In dem Laden gibt es auch das Föhr-Spiel, das Föhr-Puzzle und Föhr-Monopoly zu kaufen. Etwas weiter die Straße runter in der Nummer 32 liegt der Seesack mit einem ebenfalls breiten Sortiment, wobei hier vor allem das Angebot an Flugdrachen herausragt.

Spielwaren

Schaukelpferd Wyk
Große Straße 6
25938 Wyk/Föhr
T. 04681 5105
schaukelpferd-wyk.de

Seesack und Drachenshop
Große Straße 32
25938 Wyk
T. 0170 9794237

28 Entdecken
Wyk

Vom Indischen Ozean zur Nordfriesischen Insel

Am anderen Ende der Erde im Indischen Ozean und zu Indonesien gehörig liegt die Trauminsel Bali. Von dort bezieht Eike Held, die Inhaberin des Mango, benannt nach der exotischen Frucht, die handgefertigten Produkte, die sie seit 2008 in ihrem Ladenlokal auf der herben Nordseeinsel anbietet. Etwa 60 Lieferanten, Händler und Partner auf Bali beliefern den kleinen Laden mit einmaligen und individuellen Produkten wie Schmuck, Taschen und Gürteln, Schals und Tüchern, Lampen, Dekomaterialien, Ponchos und Mützen. Da lohnt es sich auf Entdeckungstour zu gehen, und das jedes Jahr aufs Neue: Denn laufend gibt es neue und individuell gefertigte handwerkliche Produkte aus Bali.

Mango
Schmuck und Accessoires aus Bali
Große Straße 28
25938 Wyk
T. 04681 747153
mango-foehr.de

29 Genießen
Wyk

Bo – Genuss mit Charakter

Für Freunde des Genusses und des Hochprozentigen ist der Laden von Bo Linnemann und Team eine wichtige Adresse auf der Insel-Besuchsliste. Allein 50 unterschiedliche Whisky-Köstlichkeiten sind im Programm, aber auch den Gin, bei dem es nicht nur East London Gin gibt, sondern auch den eigenen Bo No. 8 und Bo No. 5 sollte man probiert haben. Bo Rum Kirsche und Bo Rum Kokosnuss, der Geschmack der friesischen Karabik, werden ebenso gern genommen wie der Schlehenlikör, Föhrer Manhattan, der Bo Marillen- oder Haselnuss-Schnaps oder ein Fläschchen Wein von ausgewählten Winzern. Wer den Bo Lifesaver Gin oder Rum kauft, unterstützt soziale Einrichtungen im Norden; dafür werden jeweils fünf Euro des Preises pro Buddel abgezweigt. Darüber hinaus gibt es aber auch Kaffee, Gewürze, Öle, Balsamico, Pralinen, Honig und manch andere handverlesene Köstlichkeiten für den anspruchsvollen Genießer – entsprechend dem vorangestellten Slogan des Ladens.

Bo
Große Straße 18
25938 Wyk
T. 04681 7472888
bo-genuss.de

30 Entdecken
Wyk

Aus Alt wird Neu – Upcycling

In einer kleinen Seitengasse zwischen Hafenstraße und Großer Straße liegt seit dem Jahr 2015 die Design-Werkstatt von Katharina Blum, die für ihre Produkte möglichst wenig neue Rohstoffe verwendet, sondern aus Rest- und Altstoffen Neues kreiert. So entstehen aus gebrauchten und ausgemusterten Kite- und Surfsegeln Hand- und Kulturtaschen, Rucksäcke, Etuis und Strandtaschen. Aus alten löchrigen Kleidungsstücken werden durch das Upcycling der Designerin neue und wieder tragbare Pullover

oder Hoodies. Second Surf nennt sich das. Aus anderen Abfallstoffen, beispielsweise Lederresten, entstehen neue Produkte wie Schreibetuis, Kabelkleider, Handtaschen oder Smartphone-Taschen. Auch individuelle Auftragsarbeiten werden durchgeführt. Wer also ein geliebtes Kleidungsstück hat, das aufgemotzt werden soll oder ein altes Segel besitzt, aus dem ein Rucksack gefertigt werden soll, kann sich vertrauensvoll an die Design-Künstlerin wenden.

Blum Design
Upcycle Design & Bekleidungskunst
Westerstraße 1
25938 Wyk
T. 0151 17902236
blum.is

31 **Entdecken**
Wyk

Das Wahrzeichen der Stadt

Der Wyker Glockenturm stammt ursprünglich als hölzerner Bau aus dem Anfang des 17. Jahrhunderts. Wyk gehörte seit seiner Gründung zum Kirchspiel St. Nicolai in Boldixum. Das Glockengeläut von dort war in Wyk kaum zu hören, daher sorgte der Glockenturm dafür, dass die Gläubigen den sonntäglichen Kirchgang nicht verpassten. Die Glocke konnte aber auch zur Warnung der Bevölkerung, beispielsweise bei Sturmfluten, zum Einsatz gebracht werden. Zudem diente der Glockenturm zu manchen Zeiten auch als Spritzenhaus zur Aufhängung von Feuerwehrschläuchen. Die Holzkonstruktion erwies sich nicht als ausreichend stabil und wurde beispielsweise 1824 bei einem Sturm umgeweht, konnte allerdings wieder aufgerichtet werden. Die heutige 20 m hohe Konstruktion als gemauerter Turm stammt aus dem Jahre 1886. Die durch einen Riss beschädigte Glocke wurde im Jahre 2009 auf Initiative des Lions-Clubs der Insel erneuert, sodass der holde Klang des Wyker Wahrzeichens wieder weithin hörbar ist. Die alte Glocke wurde nicht eingeschmolzen, sondern kann heute wenige Meter vom Glockenturm entfernt vor der Stadtbücherei in der Mittelstraße besichtigt werden.

Der Glockenturm
Große Straße/Ecke Mittelstraße
25938 Wyk

32 Entdecken
Wyk

Lesestoff für den Urlaub

Noch etwas Strandliteratur, Reiseinfos, ein unterhaltsamer Krimi, ein wenig Musik, ein spannendes Filmchen oder ein neues Gesellschaftsspiel für den Abend gefällig? Die Stadtbücherei in Wyk hat es. Hier können sich die Bewohner und Gäste der Insel zahlreiche unterschiedliche Medien für ein bis drei Wochen ausleihen. Neben dem klassischen Buch gibt es Musik CDs, DVDs, Gesellschafts- und Computerspiele und in der Onleihe auch eBooks, eAudios, eVideos und ePapers. Man kann auch vor Ort in Ruhe lesen und aktuelle Zeitschriften und Tageszeitungen durchsehen und gegen Gebühr Kopierer, Faxgerät, stationäre Computer, WLAN und Internet nutzen. Vieles kann man auch online recherchieren bzw. von zu Hause aus ausleihen und auf dem eigenen PC oder Smartphone verwenden. Hier können sich also alle Altersstufen vom Kleinkind bis zum Senior mit den verschiedensten Medien für Unterhaltung, Information und Kontemplation versorgen.

Stadtbücherei Wyk auf Föhr
Mittelstraße 33
25938 Wyk
T. 04681 3400
inselbuecherei.org

33 Entdecken und Genießen
Wyk

Tíen Yi-Heng: „Man trinkt Tee, damit man den Lärm der Welt vergisst.“

Nicht nur die Engländer und Ostfriesen sind eifrige Tee-Trinker, auch die Nordfriesen sind einer guten Tasse Tee nicht abhold. Und ebenso wissen viele Föhr-Besucher einen guten Tee zu schätzen. Es ist also nicht weiter verwunderlich, dass es allein in Wyk vier auf Teeverkauf, -beratung und -versand spezialisierte Läden gibt. Sie alle bieten ein großes und buntes Programm unterschiedlicher Teesorten wie Darjeeling, Assam, China, Ceylon, Formosa, Grün-, Rooibusch-, Früchte- und Kräutertees sowie diverse aromatisierte Tees und spezielle

Mischungen, die als Föhrer Nordseezauber, Föhrer Küstenflair, Schietwettertee oder einfach als Föhrer Mischung zu erwerben sind. Da kann man auch gleich etwas Geeignetes für die lieben Daheimgebliebenen – wie Kaffee, Teezubehör, Pralinen, Kandis, Liköre und weitere Spezereien – in manchen der Läden erwerben. Es wäre also vielleicht mal wieder Zeit für einen heißen, selbst gebrühten Tee – und sei es nur, um den Lärm der Welt zu vergessen!

Teeläden in Wyk

Friesisches Teehaus Wyk
Große Straße 2
25938 Wyk
T. 04681 501095
foehrtee.de

Föhrer Teekontor
Mittelstraße 35
25938 Wyk
T. 04681 580065
foehrerteekontor.de

Föhrer Teegarten
Sandwall 42
25938 Wyk
T. 04681 748768

Teeladen Föhr
Mittelstraße 23
25938 Wyk
T. 04681 4704

34 Entdecken und Genießen
Wyk

Wein, Musik und gemütliche Gartenterrasse

Etwas versteckt in einer kleinen Seitengasse der Mittelstraße, aber idyllisch gelegen, befindet sich die Weinstube in der alten Druckerei. Der Garten mit Apfelbaum und rankenden Gewächsen lädt zum Verweilen ein. Es gibt diverse Weine im Angebot, davon rund 50 offene Weine im Ausschank und die entsprechenden Informationen hierzu. Auch andere alkoholische Getränke wie Gin, Rum, Portwein, darunter auch Spezialitäten der Insel, finden sich im Sortiment. Wer hungrig ist, sollte sich einen Flammkuchen gönnen oder den Käseteller probieren. Besonders bekannt ist die Weinstube für ihr abwechslungsreiches und vielfältiges Kulturprogramm mit Musik, Theater und Lesungen.

Alte Druckerei, die Weinstube
Mittelstraße 17, Hofgarten
25938 Wyk
T. 04681 748600
dasweinkontor.com

35 Entdecken Wyk

Heinrich Heine: „Von allen Welten, die der Mensch erschaffen hat, ist die der Bücher die Gewaltigste."

Zwei Buchhandlungen gibt es allein in der Mittelstraße, eine weitere am Sandwall. Um die Urlaubs- und Strandlektüre braucht man sich also keine Sorgen machen. Es gibt Bestseller, Krimis, Kinderbücher, Romane, Geschichtsliteratur, Naturkundliches und jede Menge Regional- und Reiseliteratur, Föhr- und Nordfriesland-Bücher. Kalender, Hörbücher, eBooks, Filme, Musik sowie Zeitschriften, Tageszeitungen und Antiquarisches sind ebenfalls zu bekommen. Bestellt werden kann auch fast alles und bisweilen finden Veranstaltungen wie Lesungen oder Signierstunden statt.

Buchhandlungen in Wyk

Wyker Buchhandlung
Mittelstraße 18
25938 Wyk
T. 04681 4505
wyker-buchhandlung.de

Bücher & Meehr
Mittelstraße 8
25938 Wyk
T. 04681 3330
buecherundmeehr.de

bu-bu, der bunte Buchladen
Sandwall 20
25938 Wyk
T. 04681 675
bu-bu.de

36 Entdecken Wyk

Goldschmuck und Kunstwerke

Die gelernte Goldschmiedin Ulrike Thiessen betreibt die Werkstatt seit 17 Jahren und bietet selbst angefertigte Ringe, Ketten und sonstige Geschmeide an. Sie führt aber auch Auftragsarbeiten durch. Neben der Goldschmiede befinden sich auch eine Galerie und ein Kunsthandel, in denen beispielsweise alte Föhrer Künstler, aber auch Steinskulpturen von Markus Thiessen, Ölgemälde von Stefan Dobritz und Peter Witt, Fischbretter von Rolf Boscheinen, Bronzeskulpturen von Uwe Kahl und viele weitere Kunstwerke und Künstler zu besichtigen sind. In der gleichen Straße kann man in der Goldschmiede Engeland ebenfalls Schmuck in Gold und Silber erwerben und Goldschmiedearbeiten in Auftrag geben. Hier gibt es auch den goldenen Anhänger mit der Föhr-Silhouette.

Kunsthandel und Goldschmiede
Galerie Eigenart
Mittelstraße 17
25938 Wyk
T. 04681 741415
Goldschmiede Engeland
Mittelstraße 4
25938 Wyk
T. 04681 748062
goldschmiede-engeland.de

37 Genießen
Wyk

Steak- und Fischgenuss
Fieti ist seit rund 30 Jahren als Koch auf Föhr im Einsatz. In dem kleinen Restaurant in der Mittelstraße bewirtet er des Abends 16-18 Gäste und jeder Platz wird nur einmal vergeben. Die Gäste können die durchschnittlich dreistündigen Aufenthalte ohne den Druck nachrückender Gäste genießen. Bei dem Konzept der offenen Küche, frisch zubereiteten Gerichten mit regionalen und internationalen Elementen kann der Gast ein 3-, 4- oder 5-Gänge Menü auswählen. Der Schwerpunkt liegt bei Fleisch, Fisch gibt es auch, Vegetarisches aber nicht.
Fietis Restaurant
Mittelstraße 9
25938 Wyk
T. 04681 7413322
fietis.com

38 Genießen
Wyk

Fleisch- und Wurst-Qualität mit Tradition
Die Fleischerei Friedrichs blickt auf eine über 250-jährige Familientradition zurück. Seit 1979 befindet sich der Laden in der Mittelstraße und bietet regionales Fleisch von Föhr und den Nachbarinseln sowie diverse weitere Spezereien. Sei es die Halligmettwurst mit und ohne Rum, der Föhrer Katenschinken, Föhrer Lamm-Salami oder Föhrer Tafelspitz, die Qualität stimmt. Vieles gibt es auch im Onlineshop oder zum Mitnehmen nach Hause. Bauerntopf nach Föhrer Art, Friesische Krabbenleberwurst, Föhrer Sauerfleisch sind nur einige Beispiele. Man kann sich aber auch eindecken mit Roter Grütze, Süßigkeiten, Kaffee, Gewürzen, Küstenkuchen in der Dose, Fisch, Käse, Konfitüren und manch Anderem. Entdecken Sie selbst, warum Friedrichs Flei-

scherei vom Fachmagazin „Der Feinschmecker" bereits mehrfach zu einer der besten Metzgereien Deutschlands erkoren wurde!

Fleischerei Friedrichs
Mittelstraße 14
25938 Wyk
T. 04681 2540
fleischerei-friedrichs.de
inselschlachter.com

39 Entdecken
Wyk

Kontor 1710: fair – naturnah – nachhaltig

Hier können Sie guten Gewissens einkaufen. Bevor ein Produkt in das Sortiment von Andrea Neumann-Claus und Christian Claus aufgenommen wird, ist es auf seine fachliche Qualität, Nachhaltigkeit und Bio-Eigenschaften geprüft worden und sollte auch verantwortungsvoll unter sozialen und ökologischen Aspekten hergestellt und fair gehandelt worden sein. Das Angebot, das man auch in Ruhe online durchstöbern kann, umfasst die Produkte von über 60 meist kleinen Manufakturen mit pfiffigen und neuen Ideen – gern skandinavisch-nordisch inspiriert. Es gibt Wohnaccessoires, Vasen, Schmuck, Kerzen nebst Halter, Taschen, Kleidung, Kosmetikartikel, Bio-Gewürze, Senf & Saucen, Lakritz, Gebäck, Bücher, Bio-Tees, Kaffee, Geschenkideen en masse und allerlei Interessantes mehr. Es sind originelle Grußkarten aus dünnem Holz zum Ausdrücken und selber Zusammenbauen im Angebot. Und wenn Sie etwas Passendes gefunden haben, das nicht für Sie selbst ist, nutzen Sie den Geschenk-Einpackservice vom Kontor 1710.

Kontor 1710
Mittelstraße 12
25938 Wyk
T. 04681 7482540
kontor1710.de

40 Erleben
Wyk

Was gibt es Neues im Ort und auf der Insel?

Vergessen Sie Twitter, Facebook und Instagram! Auf Föhr geht die Informationsverbreitung etwas gemächlicher vonstatten. Der Klingelmann Knudt Kloborg geht mit seiner Glocke ausgerüstet und in Seemannskleidung durch die Gassen in Wyk und verkündet die Neuigkeiten. Seit 2009 ist er ehrenamtlicher Ausrufer auf Föhr und verkündet drei- bis viermal pro Woche (von Ostern bis zum Herbst), was so los ist, welche Veranstaltungen stattfinden und den neuesten Klatsch von der Insel. Wichtige Neuigkeiten kann man ihm in den Briefkasten werfen und vielleicht werden sie dann schon beim nächsten Rundgang verbreitet. Der Klingelmann macht auch Ortsführungen und stets dabei hat er ein Spendenschiff der Deutschen Gesellschaft zur Rettung Schiffbrüchiger (DGzRS), in das man natürlich jederzeit etwas einwerfen kann.

Klingelmann Knudt Kloborg
Mittelstraße 15
25938 Wyk

41 Entdecken
Wyk

Von Feingold, Perlen und Schmucksteinen

Seit 2006 hat die Diplom-Schmuckgestalterin Anke Scheuermann ihr Atelier in Wyk, vorher hatte sie Werkstatt und Atelier in Braunschweig und in Oldsum im Westen der Insel. Die außergewöhnlichen Schmuckstücke werden von der Designerin selbst entworfen. Gold und Silber, Edelsteine, Perlen und Emaille kommen zum Einsatz. Es gibt Ringe mit Feingold-Plattierung, mit Steinen, Perlen, ebenso wie Ohrringe, Armbänder und Ketten. Und das Sortiment an kleinen Schmuck-Serien und Unikaten wird ständig erweitert. Vor allem im Winter ist Zeit und Muße für die Schmuck-Gestalterin, um neue Ideen und Entwürfe zu entwickeln.

Diplom-Schmuckdesignerin Anke Scheuermann
Wilhelmstraße 8
25938 Wyk
T. 04681 741946
ankescheuermann.de

42 Genießen
Wyk

Noch Vorrat vorhanden in der Speisekammer?

Das etwas versteckt in einer Seitenstraße liegende Bistro bietet ein buntes Programm an Leckereien, von denen vieles selbst gemacht ist. Wechselnde Gerichte sowie schmackhafte Suppen, Salate, Quiches, Käseplatten, Milchreis und Sandwiches verwöhnen die Besucher. Die Brote sind ebenso wie die nachmittäglichen Kuchen und einige der Limonaden selbst gemacht. Die Kaffee- und auch die Wein- und Craftbierauswahl ist nicht zu verachten. Sehr zu empfehlen sind die Burger. Die Speisekammer hat auch einen Laden, sodass man sich noch einige Spezialitäten von der Insel wie Gemüse, Aufstriche, Gin und Anderes mit auf den Weg nehmen kann.

Bistro Café Speisekammer
Wilhelmstraße 5
25938 Wyk
T. 04681 7487819
speisekammer-foehr.de

43 Entdecken
Wyk

Kleidsames und wärmendes vom Schaf
Das lässt das Herz der Strick-, Häkel- und Bastelfreunde höher schlagen: Wolle in allen Farben und Variationen, z. T. auch selbst handgesponnen, für die textilen Arbeiten an langen Winterabenden. Wer sich den Schal, die Mütze oder Socken nicht selber anfertigen möchte, kann in dem Wollladen von Gaby Brandt, die sich bereits seit 1989 mit ihrem Mann auf der Insel zunächst in Oldsum, später in Wyk dem Thema Wolle widmet, auch fertige Wollprodukte erwerben. Neben Fellen gibt es Mützen, Schals, Pullover, Jacken und Handschuhe, darüber hinaus auch Babysachen, Seifen aus Schafsmilch, Cremes und andere Pflegeprodukte.

Wollflur
Wilhelmstraße 8
25938 Wyk
T. 04681 7462431
wollflur.de

44 Genießen
Wyk

Köstlichkeiten aus dem Meer
Eine der kulinarischen Besonderheiten an der Küste und auf den Inseln ist zweifelsohne der Genuss von Fisch und Meeresfrüchten. Auch in Wyk gibt es natürlich zahllose Möglichkeiten, sich mit Spezialitäten aus dem Meer zu versorgen, von denen wir hier einmal fünf ausgewählt haben, die den deutlichen Schwerpunkt ihres Angebotes bei den maritimen Köstlichkeiten haben. Auf Scheel Fischspezialitäten stoßen Sie unweigerlich auf dem Weg vom Hafen in Richtung Sandwall. Hier können Sie gleich das erste Fischbrötchen, sei es mit Backfisch, Krabben, Matjes oder Lachs, zu sich nehmen. In weiteren Straßen und Seitengassen verteilt finden sich dann beispielsweise Klatt's Gute Stuben, Die Fischerei Föhr, das Föhrer Fisch Restaurant und Zum Walfisch. Die Klassiker wie Nordseescholle, Dorsch, Hering, Krabben, Miesmuscheln und Seelachs gibt es fast überall, schwieriger wird es schon, wenn man unbedingt Seeteufel, Seezunge oder Hornhecht auf dem Teller bevorzugt. Aber auch hierzu kann man sicher fündig

werden. Wer seine Meeresfrüchte oder den Fisch lieber eingerollt als frisch zubereitetes Sushi verspeist, wird im Föhrer Fisch Restaurant gewiss zufriedengestellt.

Scheel Fischspezialitäten
Sandwall 2
25938 Wyk
T. 04681 748074
scheel-fischspezialitaten.business.site

Die Fischerei Föhr
Mühlenstraße 10/Ecke Mittelstraße
25938 Wyk
T. 04681 7461929
die-fischerei-foehr.de

Föhrer Fisch Restaurant
Waldstraße 5
25938 Wyk
T. 04681 7410489

Fischrestaurant Klatt's Gute Stuben
Mühlenstraße 6
25938 Wyk
T. 04681 652
klattsgutestuben.de

Zum Walfisch
Große Straße 2
25938 Wyk
T. 04681 7484464
zum-walfisch-foehr.de

45 Entdecken
Wyk

Fair einkaufen in kleiner Kapelle

In der Jugendkapelle der St. Nicolai Gemeinde wird der Glockenboden, also der Raum neben der Glocke, als Verkaufsraum für kontrolliert und fair gehandelte Produkte aus Entwicklungsländern genutzt. 1975 wurden die ersten Dritte-Welt-Läden in Deutschland gegründet, als kleinen Beitrag für einen fairen und direkten Handel mit Ländern aus Afrika, Asien und Lateinamerika. In Wyk ist die Verkaufsinitiative aus einem Arbeitskreis Frieden hervorgegangen und existiert bereits seit 1986. Verkauft werden beispielsweise Kaffee, Tee, Schokolade und Honig und andere biologisch angebaute Produkte, aber auch Textilien, Taschen und Kunsthandwerk aus Indien, Mexiko, Kenia, den Philippinen und diversen anderen Ländern. Bei einem Tässchen Kaffee kann man sich dann auch über die Projekte in Bangladesh, Indien und Moldawien informieren.

Weltladen Glockenboden
Süderstraße 19
25938 Wyk
inselkirche.de

46 Genießen
Wyk

Maritimes Ambiente beim glücklichen Matthias

Der glückliche Matthias war ein bekannter Oldsumer Kommandeur eines Walfangschiffs und soll durch unglaubliches Glück 373 Wale gefangen haben, wie es auf seinem Grabstein auf dem Friedhof in Süderende zu lesen ist. Walfleisch gibt es im Restaurant nicht, aber allerlei maritime Gerichte wie Fischsuppe, Matjes, Bratheringe oder das Seemannsgericht Labskaus. Wer Fleisch bevorzugt, kann sich an Steaks oder Schnitzel halten. Als Spezialitäten des Hauses gelten neben Labskaus die Kutterscholle und gegrillte Spareribs. Das Innere des Restaurants kommt recht maritim daher mit Schiffsmodellen, Gallionsfiguren, Fischreusen, Schiffsglocke, Harpune, Leuchtturmmodell und diversen Bildern von Schiffen auf hoher See.

Zum glücklichen Matthias
Feldstraße 2
25938 Wyk
T. 04681 501822
zgm-foehr.de

47 Entdecken und Genießen
Wyk

Kleine Oase der Ruhe im Park an der Mühle

Der im Jahre 2005 eröffnete Park an der Mühle geht auf eine Initiative des Föhrer Landschaftsplaners und Gestalters Hermann Hinsberger und des Vereins Föhrer Impulse zurück. Namensgebend für den Park war die in Sichtweite, und als Hauptsichtachse der Parkentwicklung genutzte, Galerieholländermühle „Venti Amica“ (Freundin des Windes). Bekannteste Bewohnerin der 1879 erbauten Windmühle war die Föhrer Heimatdichterin Stine Andresen (1849–1927). Die Parkentwicklung erfolgte nach geomantischen Besonderheiten des Terrains, was bedeutet, dass die Kräfte der Erde gedeutet und mit eingeplant wurden. So finden sich ganz unterschiedliche Elemente in der Anlage: Im Zentrum steht ein von weißen Strauchmalven umstandener

Brunnen, dessen Abflüsse in die vier Himmelsrichtungen gehen. Ein Taufstein, ein Quellbrunnen und Torbögen sowie Spiralelemente finden sich ebenso auf dem Gelände wie ein von Wasserdost und Blutweiderich gesäumter Teich, auf dem Seerosen schwimmen und die bekannte Lotuspflanze. Die Sonnenuhr ist ebenso geschwungen wie die von Obstbäumen, Staudenbeeten und Parkbänken gesäumten Wege, an denen sich auch Heil- und Kräuterpflanzenbeete und Hochbeete mit Gemüsepflanzen finden. Ein Storchennest überragt den Park, auf dem meist Tiere von der benachbarten Wildauffang- und Zuchtstation sitzen. Alles in allem eine schöne Ruhe- und Kontemplationsoase für einige Mußestunden abseits des Strandtrubels.

Park an der Mühle
Mühlenstraße/Ecke Feldstraße
25938 Wyk
fotogarten-foehr.de/park

48 Genießen
Wyk

Gemütliches Restaurant mit Imbiss

Das Restaurant Gode-Wind besitzt gemütliche helle Innenräume, ein gutes Angebot an unterschiedlichen Fleisch- und Fischgerichten und eine wechselnde Tageskarte. Im Sommer sitzt man auf der geräumigen, mit Pflanzen bestandenen Terrasse mit Blick auf den Park an der Mühle (s. Tipp 47). Daneben befindet sich Erwins Imbiss mit günstigen Gerichten, die man auf den Außensitzplätzen genießen oder auch außer Haus mitnehmen kann. Der Imbiss ist zusätzlich auch über Mittag geöffnet.

Gode-Wind
Feldstraße 12
25938 Wyk
T. 04681 5552
T. 04681 747740 (Erwins Imbiss)
restaurant-godewind.de

49 Erleben
Wyk

Storchenpark und Insel-Naturschutz

Elmeere war dereinst eines der größten Gewässer der Insel Föhr, das aber bereits um 1800 in der Landschaft verschwunden ist. Es steht heute symbolisch für den Schutz der Föhrer Natur und ist der Name eines 1993 gegründeten Naturschutzvereins der Insel, der seither fast 170 ha Land in der intensiv genutzten Föhrer Marsch erworben hat und diese Flächen wieder der Natur zurückgibt. So sind kleine Oasen für die Tier- und Pflanzenwelt entstanden. Und Amphibien, Insekten und Vögel wie Kampfläufer, Uferschnepfe, Löffler, Säbelschnäbler und Rohrdommel finden auf einigen der extensiv beweideten Feuchtflächen neue Lebensräume. Auch seltene Pflanzen wie Krebsschere, Tannenwedel und Schwanenblume konnten sich wieder ansiedeln. Der Andelhof am Midlumer Deich ist das neue Info- und Naturzentrum von Elmeere (s. Tipp 10, Seite 76) und der Storchenpark in Wyk bietet nicht nur allerlei Wasservögel und Störche zur Ansicht, sondern auch viele Informationen zur Föhrer Natur anhand von Infotafeln, Fotogalerien und Filmdokumentationen.

Führungen finden u. a. im Storchenpark und im Andelhof regelmäßig statt. Direkt am Storchenpark befinden sich in der Jugendstilvilla Friede von 1906/07 der Familie Risse ruhige und zentral gelegene Übernachtungsmöglichkeiten.

Elmeere e. V.
Förderkreis landschaftstypischer Natur und Wildtiere
Feldstraße 11
25938 Wyk
T. 04681 59200 u. 0176 82731599
elmeere.de
inselstorch.de
villafriede.de

50 Entdecken und Erleben
Wyk

Seit über 100 Jahre geballte Informationen zur Inselgeschichte und Tradition

Für den Besuch des Friesenmuseums, das man stilecht durch den Bogeneingang der Unterkieferknochen eines Blauwales betritt, kann man getrost einige Stunden einplanen. Bereits im Jahre 1908 wurde das Museum auf Initiative des auf der Insel sehr bekannten und engagierten schwäbischen Badearztes Carl Häberlin eingerichtet. Die Themenbandbreite umfasst nahezu alle wichtigen kulturellen Aspekte der Inselgeschichte und Tradition. Neben der Geologie, Geschichte und Besiedlung Föhrs gibt es Informationen und Exponate zu den Themen Walfang, Auswanderung, Baukultur, Volkskunde, Brauchtum, Trachten, Entwicklung des Seebads und Naturkunde. Im Außengelände gehen die Besichtigungsmöglichkeiten weiter: Neben dem Haus Olesen von 1617, dem ältesten Haus der Insel, das 1927 auf das Museumsareal versetzt wurde, sind die Midlumer Scheune, Sandsteinsärge, die kleine Bockwindmühle von der Hallig Langeneß und ein Rosengarten zu besichtigen. Hinzu kommen Veranstaltungen, Führungen, Sonderausstellungen, Archiv- und Leseräume und zahlreiche weitere Angebote. Besonders beliebt sind das Sommerfest und der Weihnachtsmarkt am 2. Adventswochenende.

Dr. Carl-Häberlin-Friesen-Museum
Rebbelstieg 34
25938 Wyk
T. 04681 2571
friesen-museum.de

51 Genießen
Wyk

Badeerlebnis, Wellness und Fitness

Wer etwas für die Gesundheit, das Wohlbefinden und die Fitness tun möchte, ist hier im AQUAFÖHR genau richtig. Neben den Bademöglichkeiten im 25–35°C warmen Nordseewasser mit Wasserrutsche, Wellenanlage, Kinderbecken und Whirlpool kann man sich im Aquafit-Fitness-Studio den unterschiedlichen Trainingsgeräten widmen oder das umfängliche Wellnessprogramm absolvieren. Dazu gehören neben Massagen, Krankengymnastik, Sauna, Inhalation, Atemtherapie, Ayurveda, verschiedene kosmetische Anwendungen von Biomaris, Thalasso-Anwendungen sowie komplette Verwöhnpakete. Für eine kleine Stärkung kann man sich ins angegliederte Café und Bistro Aquamarin begeben und die wunderbare Aussicht auf die Nordsee genießen.

AQUAFÖHR
Stockmannsweg 1
25938 Wyk
T. 04681 3048,
u. 30125 (Aquamarin)
aquafoehr.de

52 Erleben
Wyk

Ereignisreicher Jahreswechsel

Der Jahreswechsel gestaltet sich auf Föhr sehr unterhaltsam. Es beginnt mit dem traditionellen Wyker Sylvester-Lauf, bei dem es fünf Kilometer durch die Stadt geht. Mehr als auf Schnelligkeit kommt es hierbei auf die originelle Kostümierung an. Im Gegensatz dazu ist der sommerliche Wyker Stadtlauf, der über fünf oder zehn Kilometer durch die Stadt geht, eher ein sportliches Ereignis. Auf der ganzen Insel beliebt ist der friesische Brauch „Ütj to kenknen", bei dem verkleidete Kindergruppen, aber auch Erwachsene von Haus zu Haus ziehen und nach einer kleinen Gesangsdarbietung einige Leckereien, vielleicht etwas Geld oder die Erwachsenen einen Schnaps oder Punsch erhalten. Andernorts ist dieser Brauch des Kenknerns auch als Rummelpottlaufen bekannt. Die erste seit 1997 betriebene traditionelle Veranstaltung des neuen Jahres ist das Neujahrsschwimmen im etwa vier Grad kalten Nordseewasser. Es sind alljährlich mehrere hundert meist kostümierte mutige Schwimmer, die am Strand nahe dem AQUAFÖHR kurz ins kühle Nass steigen.

Kenknern, Wyk-Lauf, Neujahrsschwimmen
foehr.de

53 Erleben und Genießen
Wyk, Hedehusum, Goting

Das mobile und exklusive Sauna-Erlebnis im Wanderwagen

Die mobile Sauna direkt am Strand kann man zusammen mit einigen Mitstreitern an verschiedenen Standorten auf der Insel buchen. In Wyk nahe dem AQUAFÖHR steht die Wellness-Lounge für bis zu sechs Personen, eine eigene Sauna mit Meerblick, Dusche, Umkleidemöglichkeit und zwei Strandkörben; Abkühlung ist auch im Meer möglich. In Hedehusum am Strandparkplatz gibt es ein mobiles Badefass mit Meerblick für fünf Personen. Das Badewasser lässt sich auf die gewünschte Temperatur anheizen. Am FFK-Strand Goting schließlich steht die Fass-Sauna für zwei Personen, die mit einem Panora-

mafenster versehen ist. Eine Minibar mit Getränken und Snacks ist jeweils zubuchbar.

Wanderwagen
Frederik Jeß und Kerstin Schmidt GbR
Haus 3
25938 Süderende
T. 01573 1008383
wander-wagen.de

54 Entdecken
Wyk

Das kleine Leuchtfeuer in der Südostecke der Insel

Der kleine, lediglich acht Meter hohe Leuchtturm von Föhr kommt eher unscheinbar daher, ist aber trotzdem eine wichtige Landmarke und weist der Schifffahrt zwischen Dagebüll, Wyk und Amrum als Quermarkenfeuer den Weg. Bei der Anfahrt zum Wyker Hafen gehört er trotz seiner geringen Feuerhöhe von 10 m doch zu den markanten Erscheinungen der Wyker Skyline. Der quadratische Turm mit seinen rot-braunen Klinkern und dem runden weiß lackierten Laternenhaus stammt aus dem Jahre 1952 und ist der Nachfolger einer dort vorher stehenden Leuchtbake. Bei Nieblum am Deich steht ein weiterer typisch rot/weißer Leuchtturm von etwa 10 m Höhe, der als Sektorenleitfeuer dient und etwa 400 m vom Strand entfernt ist. Der kleine ebenfalls rot/weiße Leuchtturm am Molenkopf, der mit der Fähre ankommende Besucher seit 2020 am Wyker Hafen begrüßt, ist lediglich eine Attrappe, hinter der sich die Pegelmessstation des Hafens verbirgt.

Leuchtturm Olhörn
Promenadenweg
25938 Wyk
deutsche-leuchtfeuer.de/nordsee/ohlhoern.html

55 Genießen
Wyk

Stranderlebnis der besonderen Art

Am Südstrand erleben Sie Urlaubsfeeling pur. Die Füße im Sand, das frische Kaltgetränk auf dem Tisch oder auf der Strandkorbablage und der weite Blick auf Watt, Nordsee und Halligwelt lassen einen allen Alltagstrubel vergessen. Wir nennen hier vier prominente Einkehrmöglichkeiten in unmitterbarer Strand- und Promenadennähe. Weit im Westen, fast auf Höhe des Fluplatzes, liegt der Beachclub LIPSI, direkt an der Promenade finden wir die sydbar mit ihren lichten Räumlichkeiten und der geräumigen Terrasse. Hier gibt es u. a. schmackhaftes Streetfood aus der ganzen Welt. Direkt im Sand vor der Promenade finden wir Schapers und Pitschis Beachclub. Das Schapers ist nicht nur kultiges Bistro, Café und Bar, sondern auch Wassersportcenter. Beliebt sind die regelmäßigen Beach- und Cocktailpartys. Auch Pitschis ist eine Windsurfingschule, die aber auch Segeln, Kiten und SUP im Angebot hat, und natürlich die Beach Bar direkt am Strand. Neben Beach-Partys gibt es auch einen Spielplatz und eine Trampolinanlage für Kinder.

Beachclubs, Cafés und Bars

LIPSI Beachclub
Strandabschnitt 26
25938 Wyk

sydbar
Gmelinstraße 11
25938 Wyk
T. 04681 99920140
resort-suedstrand-foehr.de/sydbar.html

Bistro, Café, Bar Schapers
Promenade 20
25938 Wyk
T. 04681 7475230 u. 580087/88
schapers.de

Pitschis Beachclub
Südstrand, Stockmannsweg, Ecke Parkstraße, Strandabschnitt 13
25938 Wyk
T. 04681 7471975 u. 7471976
windsurfing-foehr.com

56 Genießen
Wyk

Übernachtung, Erholung, Wellness und Kulinarik unter einem Dach

Wenn Sie hier nicht erfrischt und erholt aus dem Urlaub kommen, dann haben Sie was falsch gemacht. Das Upstalsboom am Südstrand bietet 144 Zimmer und Suiten in unterschiedlichen Kategorien sowie 23 Residenzen, also Ferienwohnungen ähnliche Unterkünfte für zwei bis vier Personen. Erholung und Gesundheitspflege sind im 2.000 Quadratmeter großen Wellnessbereich „eilun spa", mit Dampfbad, Saunen sowie Innen- und Außenpool, angesagt. Zur Hotelanlage gehört auch das gehobene Restaurant „bi a wik", in dem eine nordisch-deutsche Küche mit internationalen Einflüssen geboten wird. Ebenso der Anlage zugehörig sind die sydbar, direkt an der Promenade (s. Tipp 55) sowie die Café.Bar.Lounge „hygge", wo es nicht nur einen gepflegten Drink, Cocktail oder Wein gibt. Die Hotelbar bietet am Nachmittag auch ausgewählte hausgemachte Torten und Kuchen. Dazu gibt es köstlichen Kaffee aus der Siebträgermaschine.

Upstalsboom Wellness Resort Südstrand
Gmelinstraße 11
25938 Wyk
T. 04681 99200
resort-suedstrand-foehr.de

57 Entdecken
Wyk

Skulpturen und Monumente am Wegesrand
Die Promenade, zum Beispiel am Südstrand, ist an einigen Stellen von monumentalen Kunstwerken gesäumt, die auf massiven, nachgebildeten Schiffspoldern montiert aus massivem Stein oder auch Metall gefertigt wurden. Da sind neben den Silhouetten der Halligen und der Insel Föhr auch zwei stilisierte Wellen zu sehen, die auf die beiden großen Sturmflutkatastrophen an der nordfriesischen Küste verweisen: Die Großen Mandränken von 1362 und 1634. Die Marcellusflut vom Januar 1362 führte zu erheblichen Landverlusten, den Untergang der sagenumwogenen Stadt Rungholt und nach neuesten Schätzungen zu etwa 10.000 Toten. Die Burchardiflut im Oktober 1634 zerstörte die große Insel Strand, von der die Inseln Pellworm, Nordstrand und die Hallig Nordstrandischmoor übrig blieben. Etwa 6.000 Flutopfer waren damals zu beklagen. Auch vor die-

sen Ereignissen, dazwischen und danach gab es schwere Sturmfluten mit vielen Opfern an der Küste und auf den Inseln und Halligen. Der Flutmarkenpfahl am Wyker Hafen zeigt die Höhe der Flutstände vergangener Sturmfluten an. Die höchste Flut auf Föhr war die vom Februar 1825, die zu erheblichen Überschwemmungen der Marsch und tiefer gelegener Ortschaftsteile führte.

Skulpturen und Sturmflut-Denkmäler
An den Promenadenwegen am Südstrand, am Hafen
25938 Wyk

58 Erleben
Wyk

Engagierter Wattenmeer- und Insel-Naturschutz

Die in Husum ansässige und im gesamten schleswig-holsteinischen Wattenmeer vertretene Schutzstation Wattenmeer ist auch auf Föhr seit vielen Jahrzehnten im Insel- und Wattenmeerschutz aktiv. Neben der Betreuungsarbeit mit Brut- und Rastvogelerfassungen, Kartierungen und Kontrollen spielt die Informations- und Öffentlichkeitsarbeit eine besondere Rolle, die durch die Akteure des Bundesfreiwilligendienstes (BFD), Mitarbeitern des Freiwilligen Ökologischen Jahres (FÖJ) und Praktikanten durchgeführt wird. In der Wattwerkstatt am Südstrand mit Aquarien, Vogelpräparaten und Mikroskopen und Binokularen für die Lebendbeobachtung kann man die Lebewelt des Wattenmeeres etwas kennenlernen und sich über den Nationalpark informieren. Ein umfängliches, ganzjähriges Programm an Veranstaltungen bieten die Naturschutz-Mitarbeiter an, mit unterschiedlichen Wattführungen, naturkundlichen und kulturellen Führungen und Radtouren über die Insel sowie

Workshops zu Strandfunden und zum Bernsteinschleifen und Vorträgen. Am Deich im Norden Föhrs befindet sich eine von Frühjahr bis Herbst besetzte Außenstation, die sich vor allem dem Naturschutz im Oldsumer Vorland widmet (s. Tipp 1, Seite 124).

Schutzstation Wattenmeer
Wattwerkstatt
Badestraße 111
25938 Wyk
T. 04681 1313
schutzstation-wattenmeer.de

59 Genießen
Wyk

Von Gyros, Souvlaki und Tsatsiki

Nicht weit vom Südstrand, ein Stück die Badestraße hinauf, liegt das griechische Restaurant Akropolis. Etwas abgelegen, was die Chance erhöht, auch ohne Reservierung noch ein Plätzchen zu ergattern, zumal, wenn die geräumige, von traubenbehangenem Wein umrankte Terrasse genutzt werden kann. Es wird klassisches griechisches Essen geboten und die Grill- und Gyrosteller sind durchaus zum Sattwerden. Es gibt auch einige vegetarische Gerichte und Kindermenüs sowie den obligaten Ouzo zur Begrüßung. Die Gerichte können ebenfalls außer Haus mitgenommen werden.

Restaurant Akropolis
Badestraße 90
25938 Wyk
T. 04681 8454

60 Entdecken
Wyk

Antike Kachelöfen, Kamine und exquisite Möbel

Kachelöfen ergeben eine angenehme und effektive Wärme. Besonders schöne und ausgewählte Exemplare antiker schwedischer Kachelöfen bekommen Sie im Mylin-Laden in der Badestraße. Auch Kamine, alte Fliesen, historische Baumaterialien und Bodenbelege aus Holz, Terrakotta und Naturstein sind im Angebot, ebenso wie erlesene Wohn-Accessoires und Antiquitäten. Die kompetente Fachberatung und Information gehört zur Philosophie des Familienunternehmens, das weitere Läden und Ausstellungsbereiche in List auf Sylt und auf dem Festland in Risum-Lindholm besitzt.

Mylin
Badestraße 106
25938 Wyk
T. 04681 501505
mylin.de

61 Entdecken
Wyk

Historische Parkanlage am Meer

Die Lage dieses Kurparks direkt am Meer ist schon eindrucksvoll. Vom Südstrand kann man direkt vom Watt und der Strandpromenade über ein Aufstiegsmauerwerk und eine Aussichtsterrasse in den historischen Nordsee-Kurpark aufsteigen. Wo eben noch Strandhafer, Kartoffelrosen und Zitterpappeln sowie Dünensand den Weg säumten, stehen nun krüppelig gewachsene Kiefern, Weiden und Eichen. Schon nach wenigen Schritten befindet man sich inmitten eines dichten Walds mit hoch gewachsenen

Buchen, Eichen, Kiefern und sogar mancherlei exotischen Gehölzen. Der Tübinger, auf Föhr praktizierende Arzt Dr. Karl Gmelin begann im Jahr 1899/1900 mit der Anlage des Kurparks für die Gäste seines anliegenden Nordsee-Sanatoriums. Gemäß seines Mottos „Die Patienten sollen nicht liegen, sondern laufen" ließ er ein weitläufiges Parkgelände entwickeln, das zu einem Ort der Begegnung, Bewegung, Gesundheit, Kultur und Wissenschaft wurde. Mit der Weltwirtschaftskrise begann der allmähliche Niedergang der Anlage und 1976 wurde das Sanatorium endgültig geschlossen. Die Parkanlage fiel ebenfalls in einen Dornröschenschlaf. Bis zum Jahre 2019, als engagierte Anlieger des Parks und Förderer sich zu einem gemeinnützigen Förderverein Nordsee-Kurpark zusammengefunden haben. Sie planen nun zusammen mit der Stadt Wyk, in deren Besitz sich die Anlage seit 1983 befindet, dem Amt für Denkmalpflege und anderen Partnern, das einzigartige Garten- und Kulturdenkmal zu erhalten, seine alte Schönheit wieder herzustellen und behutsam mit zeitgemäßen Aspekten zu bereichern. Ein neuer Audioguide führt in 14 Stationen durch das historische Parkareal.

Nordsee-Kurpark e. V.
c/o Othmar Kyas
Fasanenweg 4
25938 Wyk
nordsee-kurpark.org

62 Genießen
Wyk

Pfannkuchen in allen Variationen

Direkt am Nordsee-Kurpark liegt das Pfannkuchen-Haus, dessen 1898 errichtetes Gebäude einst das Wirtschaftsgebäude des Nordsee-Sanatoriums war (s. Tipp 61). Seit 1995 betreibt die Familie Prinzen das heutige Restaurant und hat den Frosch als magisch-märchenhaften, verzauberten Prinzen zum Leitmotiv des Hauses gewählt. Und märchenhafte Elemente ziehen sich durch die gesamte Anlage. Sei es im freundlich eingerichteten Innern oder in dem malerisch blühenden und grünenden Garten mit Wasserkaskaden, Brunnen und Figurenelementen, nebst Schaukel und musikalischem Karussell für die Kinder. Angeboten werden vor allem Pfannkuchen in allerlei Variationen, sowohl herzhaft mit Bio-Räucherspeck, Spinat, Käse, Thunfisch oder Räucherlachs als auch süß mit Pflaumenmus,

Schokolade, Vanilleeis, heißen Kirschen und vielen weiteren Zutaten zur Auswahl. Nicht zu verachten sind auch das täglich wechselnde Angebot an frischen Torten und Kuchen sowie die Eis-, Kaffee- und Teespezialitäten.

Das Pfannkuchen-Haus im Prinzen-Hof am Südstrand

Gmelinstraße 29
25938 Wyk
T 04681 765
prinzen-hof.de

63 Entdecken
Wyk

Baumpflanzungen zur Erinnerung an verstorbene Kinder

In einem kleinen Waldstück nahe der sogenannten Löwenhöhle fallen die vielen unterschiedlichen neu gepflanzten Bäume auf, an denen bunte Schmetterlinge aus Papier mit Namen von Kindern darauf flattern. Es sind Bäume, die an verstorbene Kinder erinnern. Das Projekt „Himmelsbäume Föhr" wird vom Verein Verwaiste Eltern und trauernde Geschwister Schleswig-Holstein betreut, der trauernde Eltern, Großeltern und Geschwister begleitet, berät und in ihrer Trauerarbeit unterstützt. Der Schmetterling ist das Symbol des Vereins und steht für Veränderung, Verwandlung und

Neubeginn. Ein Orkan hat in diesem Waldstück 2013 viele Bäume umgeworfen, sodass die Neuanpflanzungen auch ein Wiederaufforstungsprojekt sind, als Zeichen der Hoffnung und des Neubeginns durch die Neupflanzungen in Erinnerung an die verstorbenen Kinder. Der Ort soll den Trauernden Mut und Kraft geben. In jedem Jahr können neue Baumpflanzungen hinzukommen.

Projekt „Himmelsbäume Föhr"
Verwaiste Eltern und trauernde Geschwister
Schleswig-Holstein e. V.
T 04621 9526070
vesh.de

64 Erleben
Wyk

Föhr und die umliegende Insel- und Halligwelt aus der Vogelperspektive

Der kleine Flugplatz am westlichen Ortsrand von Wyk in Richtung Nieblum eignet sich für die aeronautische Anreise zur Insel Föhr. Der auf Sylt ansässige Flight Service bietet Shuttle-Flüge von Wyk nach Westerland, Hamburg, Bremen oder andere Destinationen an, wobei neben dem Piloten eine weitere Person transportiert werden kann. Die Firma bildet vor allem Fluginteressierte zu Sportpiloten für Traghubschrauber aus. Wer also schon immer mal den Traum vom Fliegen für sich realisieren wollte, kann in Wyk mit einem Schnupperkurs auf dem Ultraleichtflugzeug starten. Auch ein einfacher Rund- oder Fotoflug in die Norddfriesische Insel- und Halligwelt und über den Nationalpark Wattenmeer ist natürlich ein besonderes Erlebnis!

Flight Service UG.
Am Fliegerhorst 101 GAT 2
25980 Sylt
T. 0175 7577000
Standort Föhr:
Am Flugplatz
25938 Wyk
flight-service.online

65 Genießen
Wyk

Kulinarische Spezialitäten und leckere Torten am Insel-Flughafen

Der Blick auf die landenden und startenden Flugzeuge des Flugplatzes Wyk ist recht nett, wenngleich nicht so viel Flugbetrieb herrscht wie auf dem Frankfurter oder Chicagoer Flughafen. Von der windgeschützten Terrasse aus hat man einen guten Blick. Interessant ist das Projekt der „Sprechenden Stühle", bei dem das Restaurant-Team diverse alte Holzstühle aus den 1930er-Jahren auf der Insel aufgetan hat und diese restauriert mit ihrer jeweils ganz eigenen Geschichte, im Restaurant zum Einsatz kommen. Geboten wird eine gute deutsche Küche, mit übrigens zahlreichen vegetarischen und veganen Gerichten. Zur Nachmittagszeit lohnt sich der Besuch, um sich der leckeren wechselnden Auswahl an selbst gemachten Torten und Kuchen zu widmen. Vielleicht gibt es ja gerade die Espresso-Marzipan-Torte oder die Milchreis-Torte mit Fruchtkompott aus Waldbeeren?

Café Restaurant Am Flugplatz
Am Flugplatz 18
25938 Wyk
T. 0175 8007573
facebook.com/CafeRestaurantAmFlugplatzWyk

66 Erleben
Wyk

Mit 50 km/h lautlos über die Rennstrecke rasen

Geknatter und Abgase waren gestern. Die Kartbahn auf Föhr, nahe dem Flugplatz im Westen der Insel und gegenüber der Jugendherberge gelegen, besitzt einen Fuhrpark von zehn Einzelkarts und zwei Twin-Karts mit leise schnurrenden Elektromotoren der Firma RIMO. Auf der 560 m langen Bahn kann man sich mit etwa 50 km/h spannende Rennen liefern. Kinder ab neun Jahren (und Körpergröße ab 140 cm) können auch fahren, wobei die Geschwindigkeit individuell gedrosselt werden kann. Neben einem Kiosk befindet sich bei der Kartanlage auch ein Fahrradverleih.

Kartbahn, Kiosk, Fahrradverleih FöhrRing
Fehrstieg 100
25938 Wyk
T. 04681 9929829
foehrring.de

67 Erleben
Wyk

Über den Wanderweg von Wyk nach Nieblum und an der Küste zurück

Von Wyk kann man nach Nieblum eine schöne Wanderung von etwa 6 km Länge unternehmen. Den Wanderweg erreichen wir über den Lindenweg im Westen des Orts, der uns direkt in den Wald weiterführt. 1992 wurde der Weg als ökologischer Lehrpfad eingerichtet, sodass auch einige Informationsschilder mit Hinweisen zur Tier- und Pflanzenwelt den Weg säumen. So gibt es Erläuterungen zu Habicht, Bussard und Sperber, zum Fasan, zu Dohlen und Krähen, zur Waldohreule, zu Reh, Feldhase, Kaninchen, zum Holunder, zum Austernfischer und zur Bedeutung der Jagd sowie Weitere. Wir passieren die Einflugschneise des Flugplatzes und den 27 Loch Golfplatz, der bereits zum Ort Nieblum gehört, und kommen nahe an die Hauptstraße (Boldixumstieg) zwischen Wyk und Nieblum. Hier ist ein Abstecher zum Denkmal für den dänischen König auf der anderen Straßenseite (s. Tipp 68) möglich. Bald erreichen wir nach einem Zickzackkurs Nieblum und können über die Hauptstraße nach Nieblum hi-

neingehen. Rückkehr ist per Bus möglich, aber wer als Rundtour wandernd nach Wyk zurückkehren möchte, biegt in die Straße Bi de Süd ein und passiert das kleine Teichgewässer De Meere. Über die Strandstraße geht es ans Wattenmeer und immer am Wasser entlang. Mit ständigem Blick aufs Meer und der Möglichkeit für Abstecher ins Watt und an den Strand, gelangen wir auf die Südstrand-Promenade und wieder nach Wyk hinein. Die Gesamtstrecke beträgt dann etwa 13 Kilometer.

Wanderung Wyk – Nieblum
Lindenweg in Wyk bis Bi de Süd in Nieblum

68 Entdecken
Wyk, Nieblum, Boldixum

Das Monument zur Erinnerung an einen königlichen Besucher

Wenn man über die Hauptstraße von Wyk nach Nieblum fährt, erscheint auf dem Boldixumstieg rechter Hand in einer kleinen Gehölzgruppe ein einsames Denkmal. Der aufrecht stehende runde Stein, der im Jahre 1826 errichtet wurde, erinnert an den Besuch des Dänischen Königs Friedrich VI. im Jahre 1824. Er weilte vom 27. Juni bis zum 29. Juni des Jahres auf Föhr und Amrum. Einige Jahre vorher im Jahre 1819 hatte er die Einrichtung eines Seebads in Wyk genehmigt – der Start zu einer neuen Einnahmequelle für die Föhrer Bevölkerung im Tourismus, deren Bedeutung bis in die heutige Zeit reicht. Der Besuch des Königs im darauffolgenden Jahr 1825 hatte einen eher traurigen Anlass. Er besichtigte die Sturmschäden der schweren Sturmflut auf der Insel und sagte großzügige Hilfe für Reparatur- und Wiederaufbaumaßnahmen zu.

Denkmal Dänischer König Friedrich VI. auf Föhr

Boldixumstieg (L 214) zwischen Wyk und Nieblum

Boldixum & Wrixum

1 Entdecken
Boldixum

Jahrhundertealte Bau- und Kulturschätze

Drei mittelalterliche Kirchen prägen die Insel Föhr und sind ein wichtiger Teil der Föhrer Geschichte und Kultur. Die St. Nicolai Kirche in Boldixum findet sich in einem Kirchenverzeichnis von 1240 erstmalig erwähnt. Im Innern des dreischiffigen Backsteinbaus, der zu Beginn noch ein romanischer Feldsteinbau gewesen ist, beeindrucken der aus Lindenholz gefertigte dreiteilige Schnitzalter von 1643 (Foto), der pokalförmige Taufstein aus der Zeit der Kirchengründung, die Holzkanzel von 1630, die Orgel von 1735 sowie die über 700 Jahre alte Statue des heiligen Nikolaus von Myra. Ihm ist die Kirche geweiht und er ist nicht nur der Schutzpatron der Kinder, Kaufleute, Apotheker und Bäcker, sondern vor allem auch der Seeleute. Auf dem Kirchhof finden sich sprechende Steine aus dem 17.–19. Jahrhundert, der älteste Grabstein stammt von 1604. Kirchen- und Orgelführungen, auch für Kinder, werden angeboten und es lohnt sich, einer Musikveranstaltung, beispielsweise einem Orgelkonzert, in der altehrwürdigen Kirche St. Nicolai beizuwohnen.

Kirche St. Nicolai
Kirchweg
25938 Wyk-Boldixum
kirche-st-nicolai-foehr.de
Kirchen- und Orgelführung in der Saison Mo 17 Uhr;
Orgelführung für Kinder
Mi 10.30–11.30 Uhr

bedrohte seltene Hühnerrasse Deutsch Sperber gezüchtet.

MeiMi Hofcafé
But Dörp Nr. 4
25938 Wyk-Boldixum
T. 04681 7477074 u.
0160 98994795
hofcafe-foehr.de

2 Genießen
Boldixum

Kulinarische Wohlfühl-Terrasse in ländlichem Ambiente

Das kleine, familiäre Hofcafé ist ein idealer Anlaufpunkt, wenn man am Rande der Marsch bei Boldixum und Wrixum entlangwandert oder radelt. Das rote Holzhaus mit der gemütlichen Terrasse und Strandkörben unter Bäumen fällt sofort ins Auge. Gelegentlich schlendert auch mal ein zum Hof gehörendes Huhn gemächlich über die Terrasse. Neben kleineren Gerichten wie Currywurst oder Chili con Carne von ökologisch gehaltenen Deutsch Angus Rindern, die seit 1977 auf dem Betrieb gezüchtet werden, überzeugt vor allem das schmackhafte, täglich frisch bereitete Angebot an Kuchen und Torten, frischen Waffeln und Eisbechern. Neben den Rindern werden auch seit über 50 Jahren Deutsch Kurzhaar, eine Jagdhundrasse, Trakehner Pferde und die vom Aussterben

3 Genießen
Boldixum

Das Kultlokal mit über 120-jähriger Tradition

Die Anfänge des Erdbeerparadieses gehen auf das Jahr 1898 zurück, als der Erdbeerzüchter Hans Rambach-Peters am Rande seines Erdbeerfelds ein Ausflugs- und Gartenlokal einrichtete. Mehrmals wechselten die Besitzer in den Folge-Jahrzehnten. Besondere Bekanntheit erlangte das EP, wie es später nur noch genannt wurde, ab den 1970er-Jahren, als es die einzige Disco auf der Insel war und neben Tanzveranstaltungen auch viele Livekonzerte und Künstlerauftritte stattfanden. 2019 wechselte die Kultkneipe letztmalig den Betreiber und nach Renovierungsarbeiten und Verlust des großen Tanzsaales (heute Gärtnerei) ist es jetzt wieder eine Tanz- und Eventbar, etwas kleineren Umfanges. Es finden Livemusik, Karaoke-Partys, Motto-Partys, wie z. B. 70er-, 80er-Jahre,

Schlager, Oldies oder kreative Themen statt. Hinzu kommen Fußball-Liveübertragungen. Im Sommer sitzt man im Biergarten und genießt seinen Gerstensaft, seinen Longdrink oder Softdrink oder nimmt an der Bar der Raucherkneipe einen Kukki-Cocktail, wie Boston, El Presidente, Mojito, Mint Passion oder einen Manhattan zu sich.

Erdbeerparadies (EP)
Musikkneipe und Eventbar
Ocke-Nerong-Straße 29
25938 Wyk
T. 04681 7468988
erdbeerparadies-auf-foehr.de

4 **Entdecken**
Boldixum

Bilder und Karten vom Künstlerehepaar

Das Ökorestaurant Störtebeker war für Jahrzehnte der Anlaufpunkt in Boldixum für Freunde des gesunden Essens, wurde allerdings gegen Ende des Jahres 2021 geschlossen. Gegenüber dem Restaurant-Standort, etwas versteckt im Hinterhof, befindet sich das Atelier von Marie und Lothar Reker. Hier können Sie Originale des Künstlerehepaares auf Papier und Leinwand erwerben. Es gibt Ansichten von Föhr, Akte und Porträts. Auftragsarbeiten werden ebenfalls erledigt. Eine große Auswahl an individuellen Karten gibt es, darunter viele handgeschriebene – vielleicht besser bezeichnet als handgemalte – Zitatenkarten, wie beispielsweise von Voltaire: „Wir sind verantwortlich für das, was wir tun, aber auch für das, was wir nicht tun.“

Atelier Reker
Reidschott 2b
25938 Wyk
T. 01575 7291386

5 Genießen
Boldixum

Ruhige Übernachtung an der Grenze zwischen Marsch und Geest

Das familiengeführte Inselhotel Arfsten an der Grenze zwischen Boldixum und Wrixum ist lediglich 1,5 km vom Wyker Hafen entfernt und befindet sich in außergewöhnlich ruhiger Lage am Rande der Marsch. Neben dem Friesenhaus, das als Hotel garni betrieben wird, vier Sterne vorweisen kann und 18 Doppel- und Einzelzimmer sowie Suiten besitzt, gibt es das restaurierte Reetdachhaus mit zwei gemütlichen Ferienwohnungen. Das im friesisch-maritimen Landhausstil gehaltene Anwesen überzeugt nicht nur mit den komfortablen Zimmern und Wohnungen, sondern auch mit einem umfänglichen Frühstücksbüfett, Liegewiese und Sonnenterrasse. Durch die Lage ist das Hotel auch idealer Ausgangspunkt für Radtouren in die Marsch und an der Geest entlang – zumal die Leihfahrräder im Übernachtungspreis inbegriffen sind.

Inselhotel Arfsten
Ohl Dörp 64
25938 Wyk
T. 04681 2331
arfsten.de

6 Entdecken
Boldixum und anliegende Marsch

Einblick in den Entenfang früherer Jahrhunderte – Wanderung zur Vogelkoje

Vogelkojen sind Entenfanganlagen, die nach holländischem Vorbild auch auf den nordfriesischen Inseln zu finden sind. Auf Föhr gibt es derer sechs, die alle in der Marsch gelegen sind. Zum Teil sind sie noch im Einsatz, aber meist sind sie kleine gehölzbestandene Rückzugsgebiete für die Natur in der sonst baumlosen Marsch. Die Boldixumer Vogelkoje kann man als einzige besichtigen. Das lässt sich schön mit einer kleinen Wanderung oder Radtour von Wyk, Boldixum oder Oevenum von rund 10 km Länge verbinden. Vom Wyker Hafen kann man sich immer am Deich Richtung Norden halten. Nach Besichtigung der Vogelkoje führt der Rückweg durch die Marsch, wobei man auch einen weiten Bogen zurück bis Oevenum oder Midlum nehmen kann. In der Boldixumer Entenkoje mit dem Kojenwärterhaus, der Teichanlage und den Rundwegen kann man das Prinzip des Entenfangs ganz gut besichtigen. Im Zentrum der von Bäumen und Sträuchern umstandenen Entenfanganlage be-

findet sich ein quadratischer Teich mit in vier Richtungen abgehenden Seitenarmen, den sogenannten Pfeifen. Zahme Lockenten des Kojenwärters lockten die Wildenten nach deren Landung in eine der Pfeifen, wo sie durch entsprechend aufgestellte Schilfmatten weiter hineingetrieben wurden. Am Ende befand sich eine Reuse, an der die Enten vom Kojenwärter „geringelt" wurden. So wurde die schnelle und schmerzlose Tötungsart der Enten genannt. Die 1888 in Betrieb gegangene Vogelkoje war in der Folgezeit zusammen mit den anderen Kojen ein wichtiger Wirtschaftsfaktor auf der Insel. Es wurden durchschnittlich um die 40.000 Enten gefangen. In Wyk gab es sogar eine Dosenfabrik, die 1942 geschlossen wurde.

Boldixumer Vogelkoje

In der Marsch ca. 4 km nördlich von Wyk

April bis Oktober Mo–Fr 10–12 Uhr

7 Entdecken
Wrixum

Das renovierungsbedürftige Wahrzeichen von Wrixum

Fünf Mühlen gibt es noch auf Föhr. Neben der kleinen Bockwindmühle am Friesenmuseum werden drei der übrigen in Wyk, Boldixum und Oldsum zu Wohnzwecken genutzt. Lediglich die Wrixumer Mühle ist noch mit der entsprechenden Mühlentechnik ausgestattet. Eine erste Mühle wird in Wrixum bereits 1464 erwähnt, eine Bockwindmühle. Mehrfach wurde die Mühle erneuert, so 1660 als sie bei einem Sturm umstürzte, wobei sogar der Müller getötet wurde. Nach einem Brand 1850 wurde die Mühle als sogenannter Großer Erdholländer erneuert. Bis 1960 war die Mühle in Betrieb und wechselte danach mehrfach den Besitzer. 2016 wurde die inzwischen baufällige Mühle von der Gemeinde Wrixum erworben, die zusammen mit einem ebenfalls in dem Jahr gegründeten gemeinnützigen Mühlenverein die Restaurierung der Mühle vorantreibt. So wurden die Reeteindeckung des Dachs und der gesamte Mühlenkopf erneuert und weitere Arbeiten in Angriff genommen. Auch die in Reparatur befindlichen Mühlenflügel sollen wieder angebracht werden und die weitere Außengestaltung und das Innere restauriert werden. Dereinst soll die Mühle wieder mahlen und zu besichtigen sein; eine Erlebnisbäckerei ist ebenfalls in Planung. Die engagierten Erhaltungsaktivitäten der Mühle als lebendiges Kulturdenkmal durch die rund 350 Mitglieder des Mühlenvereins können durch Spenden und Aktivitäten unterstützt werden.

Wrixumer Mühlenverein e. V.
Hardesweg 29
25938 Wrixum
wrixum.de/muehle
damit-sie-wieder-dreht.de

Erleben
Wrixum

Apfelgarten

Nahe der Mühle liegt der kleine Apfelgarten der Gemeinde, wo man gut entspannen und sich ausruhen kann. Strandkörbe stehen bereit und für Kinder befindet sich auf der anderen Seite der Mühle ein Spielplatz. Im Apfelgarten finden sich neben Rosen auch Strandrosen, Birnenquitten und vor allem verschiedene interessante Apfelsorten. So stehen hier beispielsweise: „Angelner Herrenapfel", „Wohlschmecker aus Vierlanden", „Gravensteiner", „Purpurroter Cousinot", „Schöner von Barth" und weitere. Zur Reifezeit gibt es also ein ebenso sehenswertes wie schmackhaftes Reife-Spektakel, aber auch zur Blütezeit vor allem der unterschiedlichen Rosen und sonstigen Pflanzungen ist der Apfelgarten eine Augenweide.

Wrixumer Apfelgarten
Hardesweg/Ecke Fötjem
25938 Wrixum

Genießen
Wrixum

Spezialitäten vom Insel-Bäcker

Wenn die Sonne noch nicht aufgegangen ist, befindet sich Bäcker Hansen mit seinem Team bereits voll im Einsatz, um rechtzeitig zum Morgengrauen neben dem Hauptgeschäft auch die übrigen Filialen mit allerlei frischen Backwaren zu beliefern. Außer dem Wrixumer Laden gibt es Dependancen in Wyk in der Mittelstraße, in der Strandstraße, in der Boldixumer Straße und im EDEKA-Markt sowie in Nieblum in der Jens-Jacob-Eschel-Straße. Der Inselbäcker verwendet nur ausgewählte Zutaten, wie belebtes Wasser, Salinen-Salz aus Portugal, Weizen von Feldern an den Küsten Schleswig-Holsteins, Roggen von der Insel Föhr, Weinsteinbackpulver und gesunde Beta-Gerste, beispielsweise für das leckere Dinkel-Gersten-Vollkornbrot. Aber auch das rustikale Roggenmischbrot, das Fischerbrot und das Wrixumer Vollkorn sind nicht zu verachten. Für den morgendlichen Frühstückstisch gibt es Buttercroissants, Kornkracher, Laugenstangen, Käsebaguette, Sovitalbrötchen und manches mehr. Für die nachmittägliche Kaffeetafel nennen wir hier einmal die mit Pflaumenmus gefüllten Teigmuscheln mit leichter Vanillenote, die Nuss-Stangen, den Blaubeercheesecake, den Butterkuchen und die Erdbeerschlemmerschnecke.

Bäcker Hansen
Ohl Dörp 47
25938 Wrixum
T. 04681 7472210
baeckerhansen.de

10 Genießen
Wrixum

Griechenland-Atmosphäre am Wrixumer Geestrand

An einem lauen Sommerabend kann auf der mit Säulen, Skulpturen, Wasserspielen und einer eindrucksvollen, blütenreichen Bepflanzung gestalteten geräumigen Terrasse schon etwas

Griechenland-Feeling aufkommen. Im Winter sitzt man im Innern am offenen Kamin und genießt eine der Grillplatten oder einen Grillteller. Es gibt auch Fisch, Pasta und einige vegetarische Gerichte. Die Liste der Spezialitäten basiert auf Vorlieben von Stammgästen wie Günther, Erkan, Heike und Karen, deren Spezialgerichte man auch ordern kann. Dazu gibt es dann einen Demestica, Retsina oder Imiglikos; für Freunde des süßen Tropfens vielleicht auch ein Gläschen Mavrodaphne oder Samos.

Aris Greek Restaurant
Hardesweg 66
25938 Wrixum
T. 04681 2410
restaurant-foehr.de

Oevenum, Midlum, Alkersum & östliche Marsch

1 Genießen
Oevenum

Von Bonbons, Lutschern und Zuckerstangen

Seit dem Jahre 2012 werden in der Bonbonmanufaktur die köstlichen Süßigkeiten der Insel selbst gefertigt. Nach dem Erwerb einer historischen Bonbon-Walzmaschine, die vor über 100 Jahren im nordamerikanischen Philadelphia bei Thomas Mills & Brothers hergestellt worden war, konnte Enken Brodersen ihren Jugendtraum verwirklichen und in die Produktion von Süßwaren einsteigen. Das Angebot an selbst gefertigten Spezereien kann sich sehen lassen: Da gibt es Lakritz-Sprotten, zuckerfreien Fruchtmix, Colakissen, gefüllte Pfefferminzkissen, Kräuterbüddel, Küstennebel, Weiße Schoko Cassis, Föhrer Schokozauber, Erdbeerkissen, Karamell-Vanille und Meersalz, Zuckerstangen, Lutscher und vieles mehr. Es werden auch Workshops für Kinder zur Bonbon- und Lolli-Herstellung angeboten. Produkte der Manufaktur können auch im Onlineshop geordert werden. An Sonntagen ist der Bonbon-Verkauf auf dem Wyker Fischmarkt und an Donnerstagen auf dem Oevenumer Dorfmarkt anzutreffen.

Föhrer Snupkroom
Wohlackerum 2
25938 Oevenum
T. 04681 7462138
foehrersnupkroom.de

2 **Erleben**
Oevenum

Alles rund ums Schaf

Auf dem Juishof in Oevenum stehen die Romney-Schafe von Schäfer John Petersen und ihre Zucht und Haltung im Mittelpunkt. Sie gelten als besonders resistent gegen Krankheiten und Parasiten, besitzen viele positive Eigenschaften bei der Aufzucht der Lämmer. Zudem gilt die Qualität der Wolle als besonders fein und hochwertig. Und um die geht es im angeschlossenen Hofladen, in dem nicht nur Wolle und Schaffelle, sondern allerlei weitere Produkte rund ums Schaf erworben werden können. Da werden zum Beispiel Schafskäse, Lammfleisch und Wolldecken, aber darüber hinaus auch weitere Hof- und Inselprodukte wie selbst gemachte Konfitüren, Honig, Seifen, Kartoffeln, Deko-Artikel und Weiteres angeboten. In der Saison gibt es jeden Dienstag ein wöchentliches, öffentliches Schafscheren und alle zwei Wochen findet am Samstag ein Kreativmarkt statt.

Oevenumer Hofladen
Buurnstrat 46
25938 Oevenum
T. 04681 57 01 76
juishof.de

3 Entdecken

Oevenum

Turbulentes Marktgeschehen jeden Donnerstag

Ab Ostersamstag geht es in der Regel jedes Jahr los: der Oevenumer Dorfmarkt, der nachfolgend ab Mai bis zum Herbst jeden Donnerstagvormittag rund um die zentrale Friedenseiche des Orts und entlang der Buurnstrat stattfindet. Es ist eine bunte Mischung aus Floh- und Trödelmarkt, Wochen- und Handwerkermarkt. So kann man auch Handgemachtes, Produkte aus kleinen Manufakturen und Hofläden sowie manch Föhr typische Spezialität und regionale Lebensmittel finden. Vielleicht lässt sich ja das eine oder andere Schnäppchen entdecken, ansonsten kann man immerhin das attraktive Imbiss-Angebot in Anspruch nehmen.

Dorfmarkt Oevenum
Rund um die Friedenseiche
25938 Oevenum
T. 04681 8635 (Gemeinde Oevenum)
foehr.de/maerkte

Entdecken

Oevenum

Friedenseiche, Alarmglocke und Dorfplatz

Guter Ausgangspunkt für einen kleinen Ortsrundgang ist der gemütliche Dorfplatz mit Bänken, Brunnen und Grünanlagen. Nahebei steht das Spritzenhaus. Oevenum gilt als Ort der Gründung der ersten Jugendfeuerwehr in Deutschland im Jahre 1882. Wichtigster Baum im Ort ist die Friedenseiche von 1871 (Foto), die zum Ende des Deutsch-Französischen Kriegs aus Freude über den Sieg Preußens über die Napoleonischen Truppen gepflanzt worden ist. Das 1907 errichtete ehemalige Schulhaus (heute Wohnhaus),

das bis 1956 als solches genutzt wurde, fällt durch die auf dem Dach befindliche Glocke auf, die früher zu Schulbeginn und -ende, aber auch bei Bränden und anderen Katastrophen geläutet wurde. Für Kinder gibt es im Friesental einen Spiel- und Freizeitplatz, unter anderem mit einem sechs Meter hohen Kletterturm, dem sogenannten Vogelnestbaum „Adlerhorst".

Dorf-Sehenswürdigkeiten
25938 Oevenum
T. 04681 8635 (Gemeinde Oevenum)
foehr.de/oevenum-erleben

Backtradition seit 1875

Die Oevenumer Backstube von Bernd Mengel kann auf eine fast 150-jährige Tradition zurückblicken. Seit 1875 gibt es den Bäckereibetrieb in Oevenum und mittlerweile existieren neben dem Hauptgeschäft und Stammsitz Filialen in Alkersum, Wyk, Oldsum und Nieblum. In den Sommermonaten werden um die 25 verschiedene Brot- und Brötchensorten angeboten, hinzu kommt eine große Auswahl an Kuchen und Torten. Auch einen guten Tee oder Kaffee kann man dazu ordern. Beliebt ist das Käsebrot, das allerdings nur dem Aussehen nach so genannt wird. Es handelt sich hierbei um eine Buttercremeschnitte mit Biscuit und Marmelade sowie einer gelöcherten Marzipandecke, sodass es einem Käse ähnlich sieht.

Oevenumer Backstube
Bernd Mengel
Dörpstrat 55
25938 Oevenum
T. 04681 2281
oevenumer-backstube.de

6 Genießen
Oevenum

Ruhiges und zentrales Landhaus

16 modern ausgestattete individuelle Zimmer und Suiten bietet Sternhagens Landhaus, ruhig und zentral inmitten des Orts gelegen. Innerhalb der über 300 Jahre alten Gemäuer sind die einzelnen Übernachtungsräumlichkeiten nach Vögeln der Küste und des nahen Binnenlands benannt. So gibt es beispielsweise die Suiten Seeadler, Weißstorch und Albatros. Für die Freunde der historischen, friesischen Schlafmethode, können Zimmer mit Alkovenbetten gebucht werden. Sehr schön ist der gemütliche und begrünte Garten mit Sitz- und Treffmöglichkeiten. Das Restaurant ist nur am Mittwoch und Donnerstag für Drei-Gänge-Menüs geöffnet und bisweilen trägt Jörn Sternhagen seine Gedichte im Poetry-Slam-Stil vor oder es gibt musikalische Darbietungen. Am Wochenende werden selbst gemachte Kuchen, Kaffee und Kaltgetränke angeboten.

Sternhagens Landhaus
Buurnstrat 49
25938 Oevenum
T. 0172 4595678
sternhagenslandhaus.de

7 Genießen
Oevenum

Landgasthof im alten Stil

Hier finden Sie noch einen klassischen Landgasthof, wie es sie früher in nahezu jedem Dorf gab, die aber mittlerweile äußerst selten geworden sind. Die Gastlichkeit hat hier Tradition und geht bereits auf das Jahr 1713 zurück. In dem Dorfkrug mit klassischem Tanzsaal und Bühne wird eine traditionelle, gutbürgerliche, norddeutsche Küche geboten. Scholle, Labskaus, Heringstopf, gemischte Fischplatte, Schweinemedaillons und Rumpsteak sind nur einige der angebotenen Klassiker. Eine besondere Attraktion ist der Papagei Eckard. Ein Hoteltrakt im Landhausstil mit acht modernen Zimmern ist seit dem Jahr 1995 hinzugekommen.

Krögers Dörpskrog
Dörpstrat 24
25938 Oevenum
T. 04681 21 03
doerpskrog-oevenum.de

8 Genießen
Oevenum

Erinnerung an einen Föhrer Auswanderer nach New York

Stina und Nils Barnert, die Betreiber des Macke Pudel, haben ihr Café und Deli nach ihrem Urgroßvater benannt, der in den 1950er-Jahren nach New York auswanderte und dort ein Delikatessengeschäft (kurz Deli) betrieb, wie es übrigens viele Auswanderer von der Insel Föhr gemacht haben. Die Verbindung in die Neue Welt spiegelt sich auch etwas im Speisenangebot wider: So gibt es neben Apfelkuchen beispielsweise New York Cheesecake und Brownies. Hinzu kommen wechselnde Tagessuppen sowie Fisch und Dicke Rippe, aber es gibt ebenso veganes Chili Sin Carne. Wem es in Oldsum gefällt, kann sich in der zugehörigen Ferienwohnungsanlage Oldsens einquartieren. Es gibt 15 individuelle Wohnungen im skandinavischen Stil von 39 bis 72 Quadratmeter Größe für zwei bis vier Personen.

Café und Deli Macke Pudel
Buurnstrat 28
25938 Oevenum
T. 04681 5029615
mackepudel.de
oldsens.de

9 Erleben
Oevenum

Golf für Jedermann

Für eine Golfrunde auf dem Kurzbahnplatz in Oevenum benötigt man keine Vereinsmitgliedschaft oder Platzreife. Hier kann jeder auf den 9 Bahnen spielen, die man für ein Spiel zweimal mit jeweils unterschiedlichen Abschlägen durchläuft, sodass man also auf einem 18-Loch-Golfplatz spielt. Hübsch gelegen in der Marsch am Rande des Ortes auf der Geest kann man im Clubhaus auf Vertrauensbasis ein Spielchen anmelden, bezahlen und gleich loslegen. Es finden auch Turniere statt, die für Jedermann zugänglich sind. Die Anlage in Oevenum schließt für Sport- und Golffreunde also die Lücke zwischen den kleinen Minigolfplätzen, von denen es auch einige auf der Insel gibt, und dem großen, weitläufigen Club-Golfplatz in Nieblum.

Crossgolf-Club
Par-Tee-People e. V.
Buurnstrat 16
25938 Oevenum
facebook.com/parteepeole.de

10 Entdecken
Midlumer Marsch

Kleine Oase zwischen Marsch und Nordsee

Für Natur- und Vogelfreunde, Naturinteressierte und (Rad)-Wanderer hat sich in der abgelegenen Midlumer Marsch im Norden Föhrs nahe dem Deich ein wunderbares neues Ausflugsziel entwickelt: der Andelhof. Initiiert und realisiert wurde das Projekt durch Dieter und Bettina Risse und dem Verein Elmeere, der seit Jahrzehnten im Inselnaturschutz aktiv ist und sich um die Förderung landschaftstypischer Naturräume auf Föhr bemüht (s. Tipp 49, Seite 41). Der Andelhof liegt an der Gründungsfläche des Vereins. Man erkennt bereits bei der Anfahrt, dass Landschaft und Naturausstattung im Umkreis des Hofs ganz anders aussehen. Freie Wasserflächen, extensiv genutzte, aufgewachsene Grünländer und Strukturreichtum der Landschaft prägen das Bild; schön ist natürlich auch die Nähe zum Watt und zur Nordsee. Viele Vogelarten, Pflanzen und andere Tiere haben sich bereits angesiedelt und hier neue Existenzmöglichkeiten gefunden. Im Andelhof gibt es viele Informationen zum Naturschutz und Beobachtungsmöglichkeiten für Vögel, beispielsweise der auf einen Monitor projizierte, mit exzellenter Optik aufgenommene Blick in die Vogelwelt der Salzwiesen vor dem Deich.

Hinzu kommen eindrucksvolle Fotos des Föhrer Vogelfotografen Peter Hering (s. Tipp 11). Es werden Veranstaltungen und Führungen angeboten. Die anliegenden Ferienwohnungen für zwei bis fünf Personen bieten schöne Möglichkeiten für einen ruhigen und naturbetonten Urlaub auf Föhr.

Naturerlebnisstätte Andelhof
Westerweg, Hof 18
25938 Midlum
T. 01525 1766233
andelhof-foehr.de

11 Entdecken
Midlumer Marsch und ganz Föhr

Eindrucksvolle Fotodokumentation der Vogelwelt Föhrs

Viele der Vogelbilder des Vogelfotografen Peter Hering sind auf den Ansitz- und Beobachtungspunkten des Andelhofs entstanden (s. Tipp 10), aber fotografiert wird auf der ganzen Insel, vor allem auch in der Godelniederung und an den Küstenabschnitten – immer auf der Suche nach dem neuen und noch besseren Foto. Das Bildarchiv des in Nieblum wohnenden Fotografen umfasst um die 300.000 Bilder, von denen eine gute Auswahl auf der Homepage zu sehen ist. Seien es der sich im Wasser spiegelnde Kampfläufer, der von einer Welle überrollte Sanderling, Säbelschnäbler mit Jungen, Brandgans-Streitigkeiten, ein badender Kiebitz, riesige Knutt-Schwärme, die Küstenseeschwalbe bei der Fütterung oder eines der zahlreichen weiteren eindrucksvollen Bildmotive. Auch seltene Beobachtungen wie Odinshühnchen, Gelbbruststrandläufer oder Rothalsgans sind abgelichtet, ebenso wie der neuerdings auf Föhr heimische Seeadler oder der sich vom holländischen Wattenmeer ausbreitende und auf Föhr regelmäßig anzutreffende Löffler. Neben der Übersicht der auf Föhr und an der Nordsee beobachteten Vogelarten, gibt es die Übersicht der populärsten Bilder, der am häufigsten angeklickten und der am höchsten bewerteten der Homepage sowie auch einige Fotos von auf Reisen gemachten Vogelaufnahmen. Bei einem Besuch des Oldsumer Apfelgartens (s. Tipp 3, Seite 125) hat man die Möglichkeit, einige Vogelbilder

in einer Ausstellung zu bewundern und ein kleines Büchlein mit einigen Fotoaufnahmen zu erwerben.

Vogelfotograf Peter Hering
voegel-auf-foehr.de

12 Genießen
Midlum

Landgasthaus mit Tradition

Bereits seit 1850 steht das Gebäude des heutigen Midlumer Krogs für Bewirtungen. Der Landgasthof bietet eine gut bürgerliche Küche, die auch bei Einheimischen geschätzt wird. Im großen Saal finden viele Feiern und Veranstaltungen von Vereinen, Organisationen und Privatpersonen statt. Daher kann das Restaurant bei Veranstaltungen für Tagesbesucher bisweilen geschlossen sein. Anmeldung und Tischreservierung für Mittag- und Abendessen sollte man ohnehin vorher machen. Im zugehörigen Gästehaus und im Landhaus neben dem Krog gibt es diverse Übernachtungsmöglichkeiten. Das umfängliche Frühstücksbüfett wird dann im Krog gereicht.

Midlumer Krog
Dörpstraat 50
25938 Midlum
T. 04681 2764
midlumer-krog.de

13 Erleben
Midlum, Nieblum

Das Glück der Erde liegt auf dem Rücken der Pferde

Föhr ist eine Pferde- und Reiter-Insel. Rund 850 Pferde leben hier und manche Gäste der Insel bringen auch ihre eigenen Pferde mit. Eines der Zentren der Pferdehaltung sind Alkersum und Nieblum. Der „Reiterhof Jacobs" in Alkersum kümmert sich vor allem um private Einstellerpferde und hat Gastpferdeboxen für Feriengäste. Es gibt eine Reithalle, Weiden, Dressurplatz, Boxen und Ausreitmöglichkeiten. Ebenfalls in Alkersum liegt der „Reiterhof Lütje Klint", bei dem es Boxen, Reithalle, Sprunggarten, Ausreitmöglichkeiten und Reitstunden gibt. Desgleichen bei Nancy Petersen in Wrixum bei den „Reitimpulsen", wo es Reitunterricht, Kurse und Schulungen gibt. In Nieblum finden wir das „Inselgestüt Reitstall Christiansen", wo Ausritte und Reitunterricht angeboten werden. Renate Christiansen ist seit über 50 Jahren auf Föhr im Reitgeschäft tätig und züchtet vor allem Trakehner und Pintos. In Nieblum am Ortsausgang in Richtung Wyk liegt der „Grevelinghof", der unter dem Motto „Reiten und Urlaub am Meer" Gastpferde unterbringt, Reitunterricht und Ausritte anbietet. Hier wie auch bei einigen der anderen Höfe sind Ferienwohnungen angeschlossen, damit die Wege zu den Pferden für die Gäste nicht zu lang sind. Der „Lerchenhof" in Wyk war früher eine Islandpferdeschule, die aber geschlossen ist. Für Gäste der Ferienwohnung gibt es indes für mitgebrachte Robustpferde noch ein paar Unterstellmöglichkeiten.

Reitmöglichkeiten auf Föhr

Reiterhof Jacobs
reiterhof-jacobs.com

Reiterhof Lütje Klint
reiten-weltweit.de

Reitimpulse
reitimpulse.de

Inselgestüt Reitstall Christiansen
inselgestuet-christiansen.de

Grevelinghof
greveling-hof.de

Lerchenhof
lerchenhof-foehr.de

14 Erleben
Alkersum

Meer und Küste – das Kunst-Erlebnis der besonderen Art

Wer sich für Kunst und Küste interessiert, wird das Museum Kunst der Westküste ganz oben auf seiner Liste der auf Föhr zu besuchenden Einrichtungen haben, allen anderen sei ein Besuch ebenfalls dringend angeraten. Das gemeinnützige Museum wurde im Jahre 2009 durch den Unternehmer Prof. h. c. Frederik Paulsen gestiftet, dessen Familie aus Alkersum stammt. Das Museum, das inzwischen einen Bestand von über 900 wertvollen und bedeutenden Original-Gemälden und Grafiken aufweist, hat den Sammlungsschwerpunkt auf künstlerischen Werken aus den vier Nordsee-Anrainerstaaten Niederlande, Deutschland, Dänemark und Norwegen aus der Zeit 1830 bis 1930, die sich mit dem Themenschwerpunkt Meer und Küste beschäftigen. Werke von Max Liebermann, Erich Heckel, Emil Nolde, Edvard Munch, Anna Ancher, Christian Krohg und Max Beckmann sind nur einige der Beispiele vertretener Künstler. Die nordfriesische Malerei ist u. a. mit Werken von Otto Heinrich Engel und Hans Peter Feddersen vertreten. Wechselnde Sonderausstellungen widmen sich ebenfalls besonders dem Themenfeld Meer und Küste. Die Präsentationen finden in den sechs Saalbauten auf einer Fläche von etwa 900 Quadratmetern statt. Ein virtueller Rundgang durchs Museum ist auch möglich und eine ganze Reihe von Exponaten ist digitalisiert und kann von zu Hause aus erkundet werden. Eindrucksvoll ist der gesamte, von dem bekannten Architekten Gregor Sunder-Plassmann geschaffene Museumskomplex nebst hübschem und kontemplativen Museumsgarten. Ebenso erwähnenswert sind der Museumsshop mit seinen Kunstpostkarten, der Literatur und den Ausstellungskatalogen sowie die Museumsgastronomie „Grethjens Gasthof" und die museumspädagogischen Aktivitäten (s. Tipps 15, 16, 17).

Museum Kunst der Westküste (MKdW)
Hauptstraße 1
25938 Alkersum
T. 04681 747400
mkdw.de

15 Erleben
Alkersum

Kunst-Workshops für Kinder, Jugendliche, Erwachsene und Familien
Das Museum Kunst der Westküste (MKdW) präsentiert nicht nur Kunst, sondern bemüht sich durch Führungen, Projekte, Workshops, Aktionen und allerlei weitere Aktivitäten Kunstvermittlung und Kunstverständnis und insgesamt die Begeisterung für künstlerische Arbeit zu fördern. Es gibt ein regelmäßiges Programm von Veranstaltungen, das jeweils ein etwas unterschiedliches pädagogisches Konzept vorsieht, je nach Vorwissen, Alter und Interessensschwerpunkt der Teilnehmer. Es beginnt mit Kindern im Alter von vier Jahren, für die es Programme gibt. Meist wird nach Rundgängen durch die Ausstellung zu eigenen Mal- und Gestaltungsaktivitäten in der Museumswerkstatt animiert oder zu Experimenten aufgerufen. Es gibt Wettbewerbe für Jugendliche aber auch für alle Altersstufen. Das MKdW pflegt Kooperationen mit Schulen, Kindergärten, Kliniken und anderen Institutionen auf Föhr und Amrum sowie in der Gesamtregion.

Kunstvermittlung im Museum Kunst der Westküste (MKdW)
Hauptstraße 1
25938 Alkersum
T. 04681 747400
mkdw.de/de/programm/workshops-und-kunstvermittlung

16 Genießen
Alkersum

Kleine Stärkung nach umfänglichem Kulturprogramm im Museum

Die Museumsgastronomie ist integraler Bestandteil des Museums Kunst der Westküste. Der Name des Gasthauses geht auf die Gastwirtin Margaretha Dorothea Hayen (geborene Hansen, 1824–1910) zurück, nach deren Rufname in Alkersum Grethjens Gasthof bereits an gleicher Stelle betrieben wurde. Der Gasthof war zu Beginn des letzten Jahrhunderts Treffpunkt einiger Künstler, die Föhr zu der Zeit besuchten, wie z. B. Otto Heinrich Engel (1866–1949), der von 1901 bis 1907 jeden Sommer in dem Gasthof einkehrte. Neben einem guten Kuchenangebot für den Nachmittag gibt es eine wechselnde Tageskarte und allerlei kleinere Gerichte wie Suppen und Salate. Sehr zu empfehlen sind auch die Flammkuchen, die nach Föhrer Ortschaften benannt sind, wie der Flammkuchen Alkersum mit Käse, Birnen und Walnüssen oder der Flammkuchen Utersum mit gebeiztem Lachs, Spinat und Tomaten. Sitzen kann man in den lichten Innenräumen oder im Museumsgarten.

Grethjens Gasthof im Museum Kunst der Westküste (MKdW)
Hauptstraße 1
25938 Alkersum
T. 04681 74 74 045
grethjens-gasthof.de

17 Entdecken
Alkersum

Ort friesischer Identität und kultureller Vielfalt – die Ferring-Stiftung

Die 1988 von Frederik Paulsen senior (1909–1997) initiierte gemeinnützige Ferring-Stiftung hat ihren Sitz in der direkten Nachbarschaft des Museumskomplexes in Alkersum. Die Vorfahren des Stifters stammen von der Insel Föhr. Die Stiftung ist benannt nach dem schwedischen Pharmakonzern Ferring, den der Stifter 1950 gegründet hat. Die Stiftung beschäftigt sich u. a. mit Forschungsfragen zu den Lebensbedingungen an den Küsten, Erforschung und Förderung der friesischen Sprache, Geschichte und Kultur sowie der Erforschung der Geschichte und Lebensbedingungen der Bevölkerung Nordfrieslands, insbesondere der Inseln Föhr und Amrum. Es werden Publikationen herausgegeben, eine umfängliche Bibliothek und ein Archiv unterhalten, das auch ein Bildarchiv von aktuell etwa 10.000 Motiven umfasst, sowie Vorträge und Symposien veranstaltet. Der seit 2010 sendende Friisk Funk, der täglich zwei Stunden friesisches Radio verbreitet, ist ebenfalls in den Räumen der Stiftung angesiedelt.

Ferring Stiftung
Hauptstraße 7
25938 Alkersum
T. 04681 741200
ferring-stiftung.net
friiskfunk.de

18 **Entdecken**
Alkersum

Schmucker Dorfplatz im Zentrum
Zur Erholung und Kontemplation nach dem informativen und inspirativen Besuch des Kunstmuseums kann man sich auf den 2015 neu gestalteten, direkt neben dem Museum gelegenen Dorfplatz begeben. Geschwungene Wege liegen an Bänken zum Ausruhen und mit blühenden Hortensien und Rosen bestückten Beeten. Im Zentrum des Platzes steht ein alter Brunnen. Der Ortsstein von Alkersum sowie eine originelle Sonnenuhr befinden sich ebenfalls auf dem Gelände. Die Sonnenuhr besteht aus steinernen Heu- und Strohballen, auf denen sich die Ziffern befinden. Der Schatten wird durch die davor postierte Heugabel geworfen. Bitte beachten Sie, dass hier die wirkliche Zeit, die Winterzeit, angezeigt wird.

Dorfplatz Alkersum
alkersum.de/unser-dorf/dorfplatz

19 Entdecken und Genießen

Alkersum

25 Jahre Föhrer Inselkäse, Hofladen, Café, Käserei und 24 h Milchtankstelle

Bei einer sommerlichen Radtour ist es gar nicht so leicht, ein Plätzchen im Hofcafé der Familie Hartmann zu ergattern. Die Terrasse ist gut gefüllt mit Gästen, die die selbst gemachten Torten wie Oma's Buttermilchschnitte, Waffeln, Flammkuchen oder andere Spezialitäten genießen. Auch der Hofladen ist gut besucht, in dem es selbstgenähte Kleidung, Stoffe, den bekannten Föhrer Inselkäse, Frozen Joghurt, Lammfellprodukte, Eierlikör, Galloway Salami, Marzilade (Marmelade und Marzipan) aus Lübeck, Honig, Insel Gin und allerlei weitere Insel-Spezialitäten im Angebot gibt. Haben Sie die Öffnungszeiten von Café und Hofladen verpasst, können Sie immerhin noch die rechts vom Hofladen in einem Extraraum befindliche Milchtankstelle anzapfen oder frische regionale Spezialitäten sowie Hof-Produkte aus dem Warenautomaten ziehen. Diese stehen 24 Stunden am Tag und sieben Tage die Woche zur Verfügung.

Hofladen Föhrer Inselkäse
Hauptstraße 9
25938 Alkersum
T. 04681 2492
foehrer-inselkaese.de

20 Entdecken
Alkersum

Küsten-Motive von der Insel

Nicht weit vom Kunstmuseum in Alkersum entfernt hat die Künstlerin Michelle Dubois ihr Atelier, in dem sie arbeitet und ihre Kunstwerke ausstellt. Die in Paris geborene und aufgewachsene, gelernte Fremdsprachenkorrespondentin und Erzieherin gelangte 1981 erstmalig nach Föhr und blieb nach der Rückkehr im darauffolgenden Jahr auf der Insel, die ihr vor allem die inspirierenden Motive für ihre Malerei liefert. So gibt es Dünen, Brandung, Watt mit Wolkenbergen und Strandszenarien in prächtigen Farben und eindrucksvollen Stimmungen. Auch der Wyker Strand mit der Seglerbrücke oder der Leuchtturm Olhörn finden sich auf Leinwand gebannt, wobei Öl, Acryl und Pastellkreide bei den unterschiedlichen Motiven zum Einsatz kommen. Lernen Sie die Begeisterung der Künstlerin für die Föhrer Landschaften und Naturstimmungen in ihren Bildern kennen: In ihrem Atelier und der Galerie in Alkersum sind die Originale, Kunstdrucke oder auch Postkarten der Bilder zu besichtigen und zu erwerben.

Atelier Michelle Dubois
Poststraße 4
25938 Alkersum
T. 04681 8937
atelier-michelle-dubois.de

Nieblum & Goting

1 Entdecken
Nieblum

Das größte mittelalterliche Gotteshaus der Insel

Eindrucksvoll ragt die Kirche St. Johannis am Geest- und Ortsrand zur Marsch hin über die Landschaft. Das auch als Friesendom bezeichnete Gotteshaus ist die größte der drei mittelalterlichen Kirchen Föhrs und bietet mehr als 1.000 Kirchenbesuchern Platz. Sie gilt als eines der bedeutendsten sakralen Bauwerke Norddeutschlands. Der Backsteinbau stammt aus der ersten Hälfte des 13. Jahrhunderts und enthält noch Material eines Vorgängerbaus. Die erste urkundliche Erwähnung findet man aus dem Jahre 1240. Das älteste Stück der reichen Innenausstattung ist der Granit-Taufstein mit christlichen Ornamenten aus der Zeit um 1200, der wohl aus einem früheren Kirchenbau übernommen wurde. Der Schnitzaltar von 1487 zeigt u. a. Maria und Christus, Johannis den Täufer, Papst Silvester I. sowie die zwölf Apostel. Eindrucksvoll ist Johannis der Täufer, Namenspatron der Kirche, als überlebensgroße Figur (15. Jahrhundert) rechts neben dem Altar zu sehen und zu dessen Füßen ist als kleine Figur Herodes Antipas dargestellt. Mit der Reformation wurde die Predigt während der Gottesdienste immer wichtiger. Die geschnitzte Kanzel mit prächtigem Schalldeckel stammt von 1618 aus der Flensburger Werkstatt Ringering und zeigt Szenen aus dem Leben Christi. Neben Konzerten gibt es

Orgel- und Kirchenführungen sowie Führungen über den Kirchhof zu den sprechenden Steinen (s. Tipp 12, Seite 150). Nieblum besitzt mit über 265 historischen Grabsteinen und Grabplatten den größten Bestand an alten Friedhofssteinen in Nordfriesland.

Der Friesendom – St. Johannis auf Föhr
Kirchenbüro
Wohldsweg 3
25938 Nieblum
T. 04681 4461
friesendom.de
Kirchenöffnung: 10–17 Uhr,
So 12–17 Uhr

2 Entdecken
Nieblum

Landschaftsbilder, Stillleben und Porträts
Am Ortsausgang von Nieblum in Richtung Alkersum liegt die Galerie der Künstlerin Uta Göhring-Zumpe etwas versteckt in einer Siedlung. In ihrem von einem großen Garten umgebenen Haus zeigt sie Besuchern gern ihre Bilder und informiert über Malerei und die Familiengeschichte auf Föhr. Die in Hamburg geborene Malerin ist in Nieblum aufgewachsen und hat ab 1967 ihren Lebensmittelpunkt nach Berlin verlegt. Seit 1987 lebt sie wieder in Nieblum, wo ihr Vater einst Bürgermeister war. Neben Porträts und Stillleben, beispielsweise mit Vasenblüten, Topfblumen und Obst, gehören Landschaftsimpressionen mit Birken, lichten Wäldern und Watt- und Küstenbildern zu ihren bevorzugten Motiven.

Galerie Uta Göhring-Zumpe
Josiaskoog 9
25938 Nieblum
T. 04681 4439
goehring-online.de

3 Genießen
Nieblum

Das besondere kulinarische Programm
Der Gourmet-Komplex, benannt nach der Nieblumer Heimatdichterin Namine Witt gegenüber vom Friesendom, umfasst neben dem Restaurant und Bistro auch einen Feinkosthandel und eine hauseigene Manufaktur. Im vornehmen Restaurant, in dem hochwertige Zutaten, gerne auch aus der hauseigenen Manufaktur (z. B. die Pasta), verarbeitet werden, gibt es Fleisch, Fisch und Vegetarisches sowie manchen Klassiker wie die Friesische Krabbensuppe oder den Feld & Wiesen Salat. Schön ist der Blick auf die Terrasse und den Garten, wo man des Sommers gut dinieren kann, und auch die Weinauswahl ist nicht zu verachten. Das Bistro bietet kleine Köstlichkeiten, deren wechselndes aktuelles Tagesan-

gebot der großen Tafel zu entnehmen ist. Integriert in das Genusshandwerk Föhr, wie es sich nennt, ist auch die Feinkost Manufaktur, deren Produkte, wie z. B. Pasta mit und ohne Füllung, Saucen, Chutneys und Eintöpfe in die Gastronomie mit einfließen, aber auch mit auf den Weg genommen werden können.

Namine Witt – Bistro, Restaurant, Feinkost
Alkersumer Stieg 4
25938 Nieblum
T. 04681 9643523
naminewitt.de

Entdecken
Nieblum

Das Haus für Tee- und Kaffeefreunde
Der Teehandel und -versand im gemütlichen Reetdachhaus direkt an der Hauptstraße in Nieblum bietet ein umfängliches Teeangebot: Es gibt die Klassiker wie Darjeeling-, Ceylon-, Assam- und China-Tees, Friesische Spezialitäten, Grüntees, Früchtetees, Rotbuschtees und zahlreiche Kräutertees mit den jeweiligen Hinweisen zu den Heilwirkungen. Kaffeespezialitäten aus einer Privatrösterei kann man auch erwerben, wobei neben den Klassikern und aromatisierten Kaffeesorten auch Raritäten wie Wildkaffee Äthiopien und Kopi Luwak Katzenkaffee zu bekommen sind. Das Angebot umfasst

ebenso Tee-Zubehör, Teepräsente, Gewürze, Edelsteine, Kräuter und allerlei interessante Mitbringsel.

Altes friesisches Theehaus
Jens-Jacob-Eschel Str. 13
25938 Nieblum
T. 04681 2930
theehaus.de

Genießen
Nieblum

Der Eis-Treffpunkt auf der Insel
Für Eisfreunde auf der Insel ist das Cappuccino ein wichtiger Anlaufpunkt, zumal hier nach vielfacher Meinung das beste Eis auf Föhr geboten wird. Es gibt ein wechselndes Angebot, das neben klassischen Sorten auch manche Besonderheit umfasst wie Granatapfel, Cranberry, Whisky oder Sanddorn. Auch die Waffeln, beispielsweise mit Pflaumenmus, sind zu empfehlen, desgleichen der Apfelstrudel mit Eis und Sahne. Einziges Manko ist die oft längere, sich bis auf die Hauptstraße hinaus erstreckende Schlange am Ver-

kaufstresen. Das Verkaufsteam ist aber nicht nur freundlich trotz des mitunter erheblichen Andrangs, sondern auch recht schnell und professionell. Wenn man dann endlich ein Eis ergattern konnte, aber kein Plätzchen in einem der Strandkörbe, kann man auch mit dem Eis in der Hand die Gassen entlang schlendern und die schmucken reetgedeckten Kapitänshäuser, blühenden Vorgärten und schattigen Alleen bewundern. Nieblum gilt immerhin als eines der schönsten Friesendörfer der Westküste.

Eis- und Waffelhaus Cappuccino
Jens-Jacob-Eschel Str. 20
25938 Nieblum
T. 04681 5599

6 Genießen
Nieblum

Einkehren im ehemaligen Kuhstall

Ebenfalls an der Hauptstraße liegt das in einem ehemaligen Kuhstall befindliche Restaurant/Café auf dem Gelände eines 300 Jahre alten Bauernhofes. Seit 1999 wird man hier bewirtet und der Schwerpunkt liegt auf täglich frischem selbst gemachten Kuchen nach alten Rezepten, Eiskreationen, Pfannkuchen und frischen Waffeln. Aber am Dienstag steht ab 19 Uhr Spanferkel-Essen auf dem Programm und am Freitag gibt es

zur gleichen Zeit Lamm. Sehr gemütlich sitzt man auf der Terrasse hinter dem Haus und kann seinen Tee, Kaffee, Kaltgetränke oder eine sommerliche Erdbeer-Bowle genießen.

Café Kohstall
Jens-Jacob-Eschel Str. 12
25938 Nieblum
T. 04681 5112
cafe-kohstall.de

7 Entdecken
Nieblum

Alte Handwerksfähigkeiten im Einsatz

Das Spezialgebiet der Weberei von Ines und Svea Hansen sind die flauschigen und warmen Mohairdecken, die auf einem alten Kontermarschhandwebstuhl vor Ort aus handgefärbten Garnen hergestellt werden. Sonderanfertigungen und Kunden-Spezialwünsche werden auch erledigt, was ebenso für das andere Arbeitsfeld, die Polsterei, gilt. Da werden so einige Hocker, Sessel, Sitzpolster und Sofas mit frischem Outfit versehen und er-

strahlen in neuem Glanz. Im Laden gibt es neben Decken Kleinmöbel, handgenähte Kissen, Schals und es finden wechselnde Bilder- und Schmuck-Ausstellungen statt. Neu im Team ist Lotta Hansen, die mit ihrer Goldschmiede die Angebotspalette durch attraktiven Insel-Schmuck erweitert.

Insel Weberei und Polsterei
Insel-Schmuck – Goldschmiede
Jens-Jacob-Eschel Str. 24
25938 Nieblum
T. 04681 7462027
inselweberei.de

8 **Entdecken**
Nieblum

Besondere Geschenkideen aus kleinen Manufakturen

Sie haben noch kein Mitbringsel für die lieben Daheimgebliebenen? Vielleicht sollten Sie es mal im LandARTladen von Petra Thomsen probieren. Hier gibt es originelle Mode, Deko-Waren und Geschenkartikel, bevorzugt aus kleinen Manufakturen. Nachhaltigkeit ist der Ladeninhaberin wichtig und so gibt es viele handgemachte Dinge aus Filz, Wolle, Keramik und Holz. Wie wäre es beispielsweise mit einem Upcycling-Rucksack von Airpaq, bei dem das fair gehandelte Produkt aus verschrotteten Airbags, alten Gurtschlössern und verschrotteten Sicherheitsgurten hergestellt wurde? Das LandART-Team ist mit seinen Produkten auch auf den Föhrer Märkten, wie dem Dorfmarkt in Oevenum oder dem Fischmarkt in Wyk anzutreffen.

LandART Föhr
Jens-Jacob-Eschel Str. 24
25938 Nieblum
T. 04681 9759615
landart-foehr.de

9 Genießen
Nieblum, Wyk

Kleines aber feines Restaurant für eine kulinarische Entdeckung

In dem kleinen Restaurant wird geboten, was die Region und die Saison so hergeben. Die empfohlenen Gerichte des Tages finden sich auf einer handgeschriebenen Tafel, unterteilt nach Davor, Mittendrin und Danach. Fisch ist ein wichtiger Schwerpunkt, der in der Regel als Ganzes serviert wird. Es gibt nicht nur Scholle und Heilbutt, sondern auch mal spezielleres, wie Dorade, Wolfsbarsch, Knurrhahn oder Steinköhler. Die Fleischgerichte sind aber ebenso zu empfehlen und zu den jeweiligen Gerichten gibt es den passenden Wein. Zeitiges Vorbestellen ist aber wichtig, da das Restaurant auch mit Gartenbereich tatsächlich nur wenige Plätze zur Verfügung hat. Besuchenswert ist auch der zugehörige Laden „Saimons Hin und Weg" in der Königstraße 2 in Wyk, wo es allerlei Spezereien und gute Produkte aus aller Welt gibt. Erlesene Schnäpse, Schinken, Käse, Knäckebrot, Pralinen, gute Schokolade und eingewecktes Gemüse – um nur einige Beispiele zu nennen. Sie finden hier auch einen Imbiss. Die frisch bereiteten Burger sollte man einmal probiert haben!

Saimons – Föhrs kleines Restaurant
Jens-Jacob-Eschel Str. 26
25938 Nieblum
T. 04681 9643484
T. 04681 7486823 (Hin und Weg in Wyk)
saimons.de

10 Entdecken
Nieblum

Individuelle Geschenkideen durch moderne Lasertechnologie

In dem Traumladen von Gudrun und Michael Seidelmann kann man viele Originale, Unikate und handwerkliche Besonderheiten entdecken. Neben den handgefertigten Eigenproduktionen gibt es diverse Unikate und Einzelproduktionen aus kleinen Manufakturen, Behindertenwerkstätten und von Künstlern, vor allem aus den Materialien Holz, Keramik und Glas. In Deutschland und europaweit ist das Ehepaar ständig auf der

Suche nach neuen geeigneten Produkten und Herstellern, deren Angebote ins Verkaufsprogramm passen. Es gibt kunstgewerbliche Produkte, Deko-Artikel und selbst gemachte Spiele mit Föhr-Bezug, wie beispielsweise ein Schachspiel. Durch Lasertechnik können kleine Widmungen und Namen eingraviert werden, wodurch die Geschenke eine besondere persönliche Note erhalten. Auch praktische Gegenstände wie Olivenholz-Geräte für die Küche oder einen Wasserkühler für Butter sind zu erwerben. Auffallend sind die farbenfrohen Stühle vor dem Laden, bei denen es sich um kanadische Adirondeck Chairs handelt, die aus recyceltem Kunststoff hergestellt wurden. Sie sind äußerst robust und wetterfest und können 365 Tage im Jahr im Freien stehen.

Meine Trauminsel Föhr
Jens-Jacob-Eschel Str. 28
25938 Nieblum
T. 04683 9633884
trauminsel-foehr.de

11 Genießen
Nieblum

Fisch und Feinkost vom Käpt'n

Heute kochen wir mal selber, und was isst man an der Küste? Fisch natürlich! Den gibt es frisch und in guter Auswahl bei Käpt'n Nolte – etwas versteckt abseits der Hauptstraße in Richtung Kirche gelegen. Egal ob Scholle, Hering, Zander, Rotbarsch, Dorsch oder Krabben und Austern. Es ist alles in dem kleinen Laden vorrätig. Zudem gibt es Fischplatten, Feinkost, vor allem gute selbst gemachte Salate und hausgemachte Fisch- und Meeresfrüchtesuppen, von denen man auch anderswo auf der Insel schon gehört hat, sei es Kartoffelsuppe mit Lachs, Krabbensuppe oder Curry-Ingwer mit Gambas. Auch die Fischbrötchen sollte man probiert haben, entweder außer Haus oder man platziert sich im Laden, im Garten oder vor dem Laden und genießt sein Matjesbrötchen und die Szenerie. Wem es mehr nach Fleisch und Wurstwaren gelüstet, geht in die direkt nebenan liegende Fleischerei Kopp-Junge.

Käpt'n Nolte
De gröne Eck 2
25938 Nieblum
T. 04681 18 50
kaeptn-nolte.de

Fleischerei Kopp-Junge
De gröne Eck 2
T. 04681 58 01 23

12 Genießen
Nieblum

Schwäbische Elemente in der Insel-Küche

Die Schwaben hatten schon immer eine gewisse Beziehung zu Föhr. Man denke nur an den Arzt und Gründer des Friesenmuseums in Wyk Carl Haeberlin oder an Carl Gmelin, ebenfalls Arzt und Gründer des Nordseesanatoriums der Insel. Und auch der Bürgermeister von Tübingen Boris Palmer macht gelegentlich Urlaub auf Föhr. Warum also nicht mal ein Restaurant, das eine etwas schwäbisch angehauchte Küche bietet? Das am Nieblumer Ortsausgang nach Utersum gelegene Lohdeel (im Haus von 1740) bietet mit Käsespätzle und gelegentlichen Maultaschen sowie Laugenbrezeln einige schwäbische Elemente. Ansonsten gibt es auch Ente, Föhrer Fasan, Scholle, Dorsch und Zander. Beim Frühstück werden neben dem üblichen Programm Sonderwünsche, wie hausgemachtes Birchermüsli oder Föhrer Krabbenschwarzbrot erfüllt. Neben den Kuchen, Kaiserschmarrn, Germknödel und Milchreis zur Kaffeezeit gibt es einen kleinen Wein- und Spirituosenhandel sowie gelegentliche Live-Musik-Veranstaltungen.

Restaurant Lohdeel
Heidweg 2
25938 Nieblum
T. 04681 9759630
lohdeel-nieblum.de

13 Erleben und genießen
Nieblum

Teestube, Kerzenscheune, Spielgolfplatz

In der sehr nett eingerichteten Föhrer Kerzenscheune sitzt man unter schweren Balken, an alten Möbeln und gemütlich am Kamin. Im Sommer steht ein ebenso beschaulicher Gartenbereich zur Verfügung. Nicht weiter verwunderlich, dass die Zeitschrift „Der Feinschmecker“ das Café 2014 und 2018 zu den Besten Deutschlands gekürt hat. Hierbei spielt natürlich auch das Angebot desselben eine wichtige Rolle. Wir erwähnen hier nur einmal die Tee- und Kaffeespezialitäten, die hausgebackenen Kuchen und Waffeln, wobei vor allem Dinkelmehl Verwendung findet und auch glutenfreie und vegane Varianten an-

geboten werden. Herzhafte Kartoffelmehlwaffeln können gleichfalls geordert werden. Zum Komplex gehört eine naturnahe Spielgolf-Anlage mit neun Bahnen, die mit 8–16 m Ausdehnung länger als beim Minigolf, aber kürzer als beim klassischen Rasengolf sind. Zudem befindet sich eine Kerzenscheune auf dem Gelände, in der man seine eigenen Kerzen ziehen kann. So hat man gleich ein schönes farblich und von der Form her individuelles und selbst gemachtes Mitbringsel angefertigt. Vom Hof Pergande werden auch drei Ferienwohnungen in Nieblum angeboten, im Landhaus bi de Kark, im Historischen Friesenhaus und die Ferienwohnung Hanne, für sieben, zwei und vier Übernachtungsgäste.

Föhrer Kerzenscheune und Teestube
Poststraat 7
25938 Nieblum
T. 04681 580143 (Café)
T. 0152 33569295 (Kerzenscheune, Spiel!Golf)
hof-pergande.de

14 Genießen
Nieblum

Gemütliche und schmackhafte Einkehr im traditionsreichen Landhaus

In dem alten Reetdachhaus werden seit über 65 Jahren Gäste bewirtet und die klassische Küche ist heute wie damals sehr zu empfehlen. Tradition hat das kleine Mittagessen, bei dem zu einem günstigen Preis ein interessantes Angebot an schmackhaften kompletten Gerichten zur Mittagszeit angeboten wird. Woanders nennt man das dann Tagesgericht. Ansonsten liegen die Angebotsschwerpunkte bei Meeresspezialitäten von Wattscholle bis Wolfsbarsch, bei Schmackhaftem vom Grill wie Rumpsteak, Schweinefilet und Putenbrust sowie bei Lammspezialitäten. Fleischlose Gerichte finden sich ebenfalls auf der Karte. Wichtige Lieferanten der regionalen Produkte wie das Föhrer Gemüse vom Hof Arfsten, das Brot vom Landbäcker, das Fleisch von Susländer oder das Föhrer Bier vom Biar-Brauhüs sind aufgelistet.

Restaurant Altes Landhaus
Bi de Süd 22
25938 Nieblum
T. 04681 2572
alteslandhaus-foehr.de

15 Entdecken
Nieblum

In vino veritas – die Kulturgeschichte des Weins geht weiter

Das Weingut Waalem im Stil des 19. Jahrhunderts mit Blick auf den Nieblumer Strand (erbaut 2017) erscheint zunächst etwas ungewöhnlich, ebenso wie die Weinfelder, die sich aktuell auf rund fünf Hektar bei Nieblum und Alkersum erstrecken. Das würde man doch eher in südlicheren Gefilden des Landes vermuten. Aber der experimentierfreudige Landwirt und (jetzt) zudem Winzer Christian Roeloffs hat zusammen mit seinem Sohn Lenz und seinem Team das Experiment gewagt. Es ging bereits 2009 los und die erste Weinernte wurde 2011 eingebracht. Es werden die an das nördliche Klima angepassten und robusten Weißweinsorten Johanniter und Solaris angebaut; mit Rotweinreben wird experimentiert. Es gibt die trockenen Landweine Waalem Kul und Reserve Waalem und den Sekt Waalem Brut, die auf der Insel vermarktet werden und in verschiedenen Läden erhältlich sind. Auch Spirituosen wie Föhrer Dry Gin oder Weinbrand werden produziert. Auf dem Gut kann man auch Heiraten, Tagungen veranstalten oder an Führungen und Verköstigungen des Weines teilnehmen. Logo des Gutes ist der Eisbär, als Sinnbild des Klimawandels, von dem der norddeutsche Weinanbau zunächst profitiert, aber der dennoch die gesamten Lebensbedingungen der Menschen bedroht.

Weingut Waalem
Grevelingstieg 11
25938 Nieblum
T. 04681 7474059
weingut-waalem.de

16 Erleben und Genießen
Nieblum

Schottisches Golfflair auf der Föhrer Geest

Bereits vor fast 100 Jahren, im Jahr 1925, wurden auf Föhr die Schläger geschwungen und Bälle eingelocht. Der damals am Südstrand in den Dünen direkt an der Nordsee gelegene Golfplatz hatte viele Jahrzehnte Bestand, bevor 1970 ein neuer Platz mit neun Löchern am heutigen Standort westlich des Flugplatzes gebaut wurde. 1990 erfolgte die Erweiterung auf 18 Löcher und seit 2009 wartet der Platz

mit 27 überwiegend neu gestalteten Löchern im sogenannten „Links-Course-Design" auf. Der Begriff geht zurück auf die klassischen, jahrhundertealten Plätze in Schottland und bedeutet im Grunde: metertiefe Sandbunker, haushohe Dünen mitten auf der Spielbahn und Grüns, von denen die Bälle in alle Richtungen herunterrollen. Ganz so schlimm wird es auf Föhr allerdings nicht, der Platz weist zwar einen erhöhten Schwierigkeitsgrad auf, ist aber auch von weniger versierten Spielern gut zu meistern. Das Gelände und die Landschaft erwarten den Golfer mit Dünen(nachbildungen), Strandhafer und Heide sowie stark ondulierten Fairways, die in der Tat an die schottischen Vorbilder erinnern. Irritierend sind lediglich die auffallend langweilig geratenen 9. Löcher der jeweiligen Runden, die anscheinend beim Umbau nicht berücksichtigt wurden sowie der meterhohe, Stacheldraht bewehrte Zaun, der die Anlage einfasst und bei dem man sich fragt, ob er Eindringlinge fern halten oder Golfer nach Fehlschlägen daran hindern soll, ihre Bälle zu suchen. Neben den überwiegend gut angelegten Bahnen, die zu Recht bereits mehrfach zu den Besten der gesamten Republik gezählt wurden, erwartet den Spieler (und auch Nicht-Golfer) ein kulinarisches Highlight im Clubhaus, wo das Restaurant Club 1925 mit überwiegend klassischen Gerichten aufwartet.

Golf Club Föhr e. V.
Grevelingstieg 6
25938 Nieblum
T. 04681 580455
golfclubfoehr.de

Restaurant Club 1925
T. 04681 7485411
club1925.de

17 Erleben Nieblum

Kleines Dorfgewässer für beschauliche Rundgänge und Ausruhmöglichkeiten

Das kleine Enten- und Wasservogelgewässer „De Meere“ liegt nahe dem Zentrum von Nieblum und ist geeignet für ruhige und beschauliche Spaziergänge. Es finden sich Spielgeräte, Strandkörbe und diverse Bänke zum Ausruhen am Gewässer. Früher wurde der grundwassergespeiste Weiher auch als Viehtränke, Feuerlöschteich und sogar als Reinigungsanlage für landwirtschaftliche Fahrzeuge nach dem Mistfahren genutzt. An dem kleinen Gewässer liegt auch das 1968 erbaute „Haus des Gastes und der Jugend“, in dem diverse Veranstaltungen, aber auch Hochzeiten und andere private Feiern stattfinden. Seit 1976 ist Nieblum anerkanntes Seebad.

Teichgewässer „De Meere“
An den Straßen „Bi de Süd“, „Heideweg“, „Bobmeere“, „Bi de Meere“ und „Strandstraße“

Haus des Gastes und der Jugend
Heideweg 10
25938 Nieblum

18 Erleben Nieblum

Wassersportmöglichkeiten in Wind und Wellen für Jedermann

Als Christa und Holger Hückstädt 1977 in Nieblum ihre Windsurfschule gründeten, war es eine der ersten Surfschulen Deutschlands. Mittlerweile hat seit 2006 der Sohn Dirk Hückstädt den Laden von seinen Eltern übernommen. Das Programm der heutigen Wassersportschule wurde im Laufe der Jahre erheblich erweitert: Neben dem Klassiker Windsurfen befinden sich mittlerweile auch Kitebuggy-Fahren, Kitesurfen, Catamaran-Segeln und Stand-Up-Paddling (SUP) im Angebot. Kurse, Prüfungen, Trainerstunden und Materialverleih gibt es für alle Wassersportfreunde vom Anfänger bis zum Könner. Stolz ist man in Nieblum über das hier entwickelte Sitkiten, das Rollstuhlfahrern das Kitesurfen ermöglicht. Diese Angebote für Leute mit Handicap, die inzwischen auf das Kitebuggyfahren

ausgedehnt wurden, sind die einzigen in Deutschland. Natürlich gibt es auch geselliges Beisammensein in der Windsportschule, Events und Regatten, was sich nicht nur auf den bekannten, traditionellen FÖHR-Cup zu Himmelfahrt mit großem Rahmenprogramm beschränkt.

Nieblumer Wassersportschule
Dirk Hückstädt
Guatingwai 4b
25938 Nieblum
T. 04681 4766 u. 0171 8315546
nws-foehr.de

19 Erleben

Nieblum, Goting

Strandleben zwischen Nieblum und Goting

Bei Nieblum findet man auf etwa sechs Kilometer Länge einen herrlichen, feinen und flachen Strand, der fließend ins ebenso flache Watt übergeht. Es gibt neben Hundestrandabschnitten, Areale, die von der DLRG überwacht werden, einen Drachenstrand und nach Westen hin einen FKK-Abschnitt. Reichlich Wassersport-Möglichkeiten bietet die Wassersportschule Hückstädt (s. Tipp 18). Für den kleinen Hunger befinden sich am Ende der Strandstraße aus Nieblum kommend das Bar- und Grillrestaurant Waterkant, ein kleiner Imbiss in der Wassersportschule Hückstädt, der Südwester Kiosk Goting am Kliff und das Kliff-Café (s. Tipp 20).

Goting ist eines der ältesten Dörfer auf Föhr und ist vor allem bekannt durch das gleichnamige ca. 1,7 km lange und bis zu neun Meter hohe Kliff, das allerdings durch Sandvorspülungen und Verwehungen heute kaum noch in der Landschaft auszumachen ist. Steine und Fossilien sind aber an manchen Stellen nach stärkeren Fluten auch heute noch am Strand zu finden. Seit 1970 ist Goting ein Ortsteil von Nieblum.

Strand Nieblum und Goting
foehr.de/freizeitangebote/nieblum/a-strandabschnitt-nieblum-und-goting

20 Genießen
Goting

Blick aufs Meer bei Schoko- und Himbeer-Sahne und gefüllten Windbeuteln

Auf einer Radtour zwischen Utersum und Nieblum oder bei einer Strandwanderung am Gotingkliff kommt man unweigerlich beim Kliff-Café vorbei; ansonsten lohnt sich ein Ausflug zu der gastronomischen Einrichtung, die bereits seit rund 70 Jahren Gäste und Einheimische mit ihrem Angebot erfreut. Bekannt ist vor allen das gute und reichliche Angebot an hausgemachten Kuchen und Torten, wie beispielsweise Nuss-Marzipan, Schoko-Sahne, Himbeer-Joghurt oder Friesentorte. Es gibt auch frische Waffeln und Herzhaftes und für die gefüllten Windbeutel (und darin ist bestimmt nicht nur Wind enthalten) pilgert so mancher durch Wind und Wetter zum Kliff-Café. Angesammelte Kalorien lassen sich bei einer Partie Minigolf auf dem anliegenden Platz schnell wieder abarbeiten. Erwähnenswert ist auch der Ausblick vom Garten und der Terrasse in die Weiten des Wattenmeeres.

Kliff-Café
Kliff
25938 Nieblum
T. 04681 3660
kliff-cafe.de

Borgsum & Witsum

1 **Entdecken**
Borgsum

Rätselumwobener Burgwall

Selten scheinen sich die Historiker und Archäologen bei der geschichtlichen Einordnung und Rekonstruktion eines historischen Bauwerks so uneinig zu sein wie bei der Lembecksburg nördlich von Borgsum. Der etwa 10 m hoch über die flache Wiesenlandschaft aufragende, mit knapp 100 m Durchmesser recht beeindruckende Erdwall ist zwar für die meisten Besucher nur ein schöner Aussichtspunkt, um die Insel zu überblicken, archäologisch gesehen jedoch außerordentlich spannend. Selbst über die Entstehungszeit herrscht Dissens, aufgrund der hochsymmetrischen Anordnung der Hüttenüberreste wurde sogar ein eisenzeitlicher Ursprung diskutiert, was ein Alter von etwa 2.000 Jahren bedeuten würde. Andere Funde deuten auf einen Beginn der Befestigung im 10. Jahrhundert, also zur Zeit der Wikinger, hin. Die Konfusion über die Geschichte der Burg ist zumindest teilweise wohl auf die bisher nur spärlich erfolgten Ausgrabungen und Untersuchungen zurückzuführen. Einen kurzen Besuch bei einer Tour über die Insel ist die Burg auf jeden Fall wert, zumal sie praktischerweise sehr zentral gelegen ist. Bei gutem Wetter bietet es sich an, hier eine Rast einzulegen und vom Burgwall aus den

Blick über die Insel zu genießen. Dabei kann man der Fantasie freien Lauf lassen und eine eigene Theorie zur Geschichte der Burg entwickeln. Widerlegen kann sie aktuell ja eh niemand.

Lembecksburg
25938 Borgsum
borgsum-auf-foehr.de

2 Erleben
Borgsum

Labyrinth- und Golfabenteuer auf dem Bauernhof

Der bis vor wenigen Jahren noch ausschließlich landwirtschaftlich betriebene Aussiedlerhof Martens hat eine beeindruckende Transformation erlebt. Wo früher Kühe grasten und Getreide wuchs, findet man heute ein Maislabyrinth und Adventure Golf Bahnen. Mit dem bekannten, teils etwas eintönigen Minigolf hat diese Variante nicht mehr viel gemeinsam. Die deutlich längeren Kunstrasenbahnen sind in Anlehnung an das klassische, große Golf stärker modelliert. In diesem Fall ist jede Bahn einer Attraktion oder Gegend auf der Insel gewidmet. So muss man beispielsweise an quer auf der Bahn liegenden Seehunden vorbeijonglieren,die schmale Öffnung im Sockel einer der Föhrer Windmühlen treffen oder in Anlehnung an die

Godelniederung (s. Tipp 7) durch einen kleinen Bachlauf hindurch spielen. Zu jeder Station mit ihrem echten Vorbild gibt es jeweils einen kleinen Erläuterungstext, so lässt sich spielend noch etwas über die Insel lernen. Direkt nebenan befindet sich das Maislabyrinth, in dem es auf Orientierungssinn und auch etwas Glück ankommt, um möglichst alle versteckten Stationen zu finden. Abgerundet wird das vielfältige Angebot durch eine große Scheune mit Carrerabahn, Tischkicker, Trampolin und Rutsche – vor allem für Kinder ein großer Spaß. Für Snacks, kleine Gerichte und Getränke ist ebenfalls gesorgt.

Föhrer Adventure Golf & Maislabyrinth
Borgsum Feld 2
25938 Borgsum
T. 04683 963182
adventuregolf-foehr.de

3 Genießen
Borgsum

Traditionelles Backhandwerk seit über 100 Jahren

Bereits seit 1913 wird in der großen Backstube im Herzen Borgsums täglich der Ofen befeuert, um in traditioneller Handwerkskunst Brot, Brötchen, Kuchen und andere Backwaren herzustellen. Nach alten, wiederentdeckten, teilweise modern interpretierten Rezepten werden fast ausschließlich Zutaten von Föhr verarbeitet. Das Angebot wird dabei durch die Jahreszeiten mit den jeweils wachsenden Früchten und Spezialitäten diktiert. Erdbeerkuchen sucht man hier im Herbst ebenso vergeblich wie Pflaumen im Frühjahr. Der seit vier Generationen familiengeführte Betrieb stellt dabei auch echte Föhrer Spezialitäten her: Dazu zählen natürlich die Friesentorte, aber auch Ausgefallenes wie Manhattan-Rumkugeln, die aus dem gleichnamigen Inselcocktail hergestellt werden. Wie es sich für einen echten Handwerksbetrieb gehört, wechselt das Sortiment ständig, Gelungenes wird wieder aufgegriffen, manches modifiziert. Denn um mit Spaß in der Backstube zu stehen, muss der Arbeitsalltag abwechslungsreich werden und das sieht und schmeckt man auch in den Ergebnissen. Unsere Empfehlungen sind die Roggenbrötchen, die auch wirklich nur aus Roggenmehl bestehen, und die leckeren Croissants, die es spielend mit ihren französischen Vorbildern aufnehmen können.

Der Landbäcker
Taarepswoi 19
25938 Borgsum
T. 04683 394
landbaecker-foehr.de

4 Genießen
Borgsum

Kleines Restaurant mit großem Garten

Ein schöner Rastpunkt auf der Radtour im Westen der Insel ist die kleine, in einem weißen Reetdachhaus von 1846 gelegene, gastronomische Einrichtung, die sich gegenüber der Borgsumer Mühle befindet und mithin leicht zu finden ist. Der privat genutzte Gallerieholländer wurde ab 1991 nach historischen Vorlagen neu errichtet. Der Kaffee- und Biergarten bietet schattige und sonnige Plätze. Am Nachmittag gibt es neben Eis, Kuchen, Milchreis und Roter Grütze vor allem die beliebten frischen Waffeln. Die Kaffee- und Teekarte ist durchaus umfänglich und natürlich wird neben Nichtalkoholischem auch Wein und Bier, darunter das Borgsumer Craftbeer in ver-

schiedenen Sorten, auch der Föhrer Nationaltrunk Manhattan angeboten. Ansonsten gibt es Pizza, Salate, Suppen, kleinere Gerichte und Fisch und Fleisch, wobei vor allem das Rumpsteak-Angebot und deren Zubereitung sehr gelobt wird. Und es geht bis in die Gewichtsklasse bis 350 g. Man braucht also keine Angst zu haben, möglicherweise nicht satt zu werden.

Café Restaurant Letj Lembeck's
Malnstich 5
25938 Borgsum
T. 04683 369
lembecks.de

5 Genießen
Borgsum

Fruchtige Spezialitäten vom Bauernhof
Die landwirtschaftlichen Aktivitäten auf dem Bauernhof Nielsen finden bereits seit 1934 statt. Im angeschlossenen Hofladen kann man diverse landwirtschaftliche Produkte erwerben. Auch auf den Wochenmärkten der Insel in Wyk und Oldsum sowie in Nebel auf Amrum sind die jeweiligen Angebote vertreten. Bekannt sind die zahlreichen selbst gemachten Marmeladen und Gelees, wobei es nicht nur die Standardvariationen wie Holunder, Himbeere, Pflaume und Birne gibt, sondern auch Besonderheiten wie Erdbeer-Ingwer, Erdbeer-Rum-Minze, Erdbeer-Rosen oder Kürbis-Rum. Hinzu kommen Sirupe, Liköre, Essige und Öle sowie die Spezialität Nielsen's Eiertrunk. Zur Erdbeerzeit kann man über die weiten Felder streifen und sich selber die köstliche Sommerfrucht pflücken oder sie am Stand, im Laden oder auf dem Markt kaufen. Es gibt

u. a. die Sorten „Symphony", „Florence", „Pandora" und „Korona". Letzteres können viele nicht mehr hören, allerdings bedeutet diese lateinische Bezeichnung doch nichts anderes als Kranz oder Krone.

Bauernhofladen Nielsen
Taarepswoi 5
25938 Borgsum
T. 04683 96 120
bauernhof-nielsen.de

6 Erleben
Utersum bis Wyk

Unser Sonnensystem im Maßstab 1:400 Millionen

Wer vom Leuchtturm Olhörn in Wyk in Richtung Südstrand und weiter nach Utersum marschiert, stößt verschiedentlich auf Tafeln, die Informationen zu einzelnen Planeten unseres Sonnensystems liefern. Sie sind Teil eines Planetenpfads, der am Leuchtturm in Wyk mit der Sonne startet und bis Utersum führt. Die Größenverhältnisse des Sonnensystems werden hier im Maßstab 1:400 Millionen dargestellt. Das heißt, am Ende des Pfads am Planeten Neptun hat man 11,3 km zurückgelegt, was im Weltall etwa 4,5 Milliarden km entspräche. Der Durchmesser der Erde würde in diesem Größenvergleich etwa 32 mm ausmachen. Am Südstrand folgen recht bald die Informationen zu den Planeten Merkur, Venus, Erde und Mars, die ja nicht so weit von der Sonne entfernt sind. Weiter geht es umgerechnet in Lichtgeschwindigkeit, wenn man gemütlich geht. Die Entfernung von der Erde zum Mond hätte man dann etwa nach einem Schritt zurückgelegt. Es folgen weiter am Strand alsbald Jupiter, Saturn (bei Bredland), Uranus (Goting) und schließlich Neptun (bei Triibergem in Utersum). In früheren Zeiten gab es mit Pluto noch einen neunten Planeten in unserem Sonnensystem, der aber seit 2006 nur noch als sogenannter Zwergplanet kategorisiert worden ist und mithin nicht mehr als Planet gilt. Da haben wir Glück, sonst ginge es noch so einige Kilometer weiter und zwar hinaus ins Watt und in die Nordsee.

Der Planetenpfad
foehr.de/geocaching

7 Entdecken
Hedehusum, Witsum,Borgsum, Nieblum

Naturkundliche Besonderheit Lagunensalzwiese

Wer von Utersum auf der Straße über Hedehusum und Witsum nach Nieblum fährt, befindet sich auf der Traumstraße, so genannt

wegen des traumhaften erhöhten Ausblicks auf die Godelniederung und das Wattenmeer. Der Radfahrer wählt natürlich den ausgewiesenen Weg direkt durch die Niederung, die als 149 ha großes, vom Insel-BUND betreutes Schutzgebiet ein besonderer sowohl Salz- als auch Süßwasser beeinflusster Lebensraum ist. Viele zum Teil gefährdete Tier- und Pflanzenarten finden hier Existenzmöglichkeiten. So gibt es neben Salzwiesen mit Strandastern, Strandflieder, Strandsode und sogar Queller auch brackwassergeprägte Feuchtgrünländer und Fließwasserbereiche. Ein vorgelagerter Sandhaken, der bei normaler Flut nicht überschwemmt wird, ist ein wichtiger Rastplatz für Vögel wie Knutts, Alpenstrandläufer, Kiebitz- und Goldregenpfeifer, Pfuhlschnepfen, Austernfischer und diverse weitere. Als Brutgebiet nutzen Kiebitze, Feldlerchen, Seeschwalben, Säbelschnäbler, Rotschenkel, Brandgänse, Eiderenten und andere Seevögel das Gebiet. Das ganzjährig gesperrte Schutzgebiet kann vom ausgewiesenen Radfahr- und Wanderweg eingesehen werden und man bekommt einen Eindruck von der vielfältigen Natur, die sich in dieser ehemaligen Wattenmeerbucht als Sonderlebensraum mit einem Süßwasser-Fließgewässer als Salzwiesen- und Lagunenlandschaft entwickelt hat.

Die Godelniederung
Informationen bei:
BUND Inselgruppe Föhr-Amrum
Strandstraße 4G
25938 Wyk
T. 04681 74 61720
bund-foehr.de

Utersum & Dunsum

1 Entdecken
Dunsum

Das Tor zum Watterlebnis

Einige hundert Meter nördlich des Café „Zum Wattenläufer“ (s. Tipp 2) führt eine eiserne Treppe über die steinbewehrte Deichsohle in die Welt des Wattenmeers. Natürlich kann man auch weiter südlich auf Höhe von Utersum einige Schritte ins Watt hineinlaufen, aber der große Priel, der Föhr von der Nachbarinsel Amrum trennt, verläuft dort nah an der Küste und endet hier im Norden, sodass sich von hier aus schier endlose Wanderungen unternehmen lassen. Dennoch sollte man niemals unvorbereitet und leichtfertig einen Fuß in das Wattenmeer setzen. Wetter und Sicht können sich in Minutenschnelle ändern. Daher sollte man zuvor immer einen Blick auf den Tidenkalender geworfen haben. Idealerweise schließt man sich einer der zahlreichen geführten Wanderungen an, bei denen man allerlei interessante Details zum Wattenmeer und seinen tierischen und pflanzlichen Bewohnern lernt. Details zu allen Angeboten findet man an dem Schwarzen Brett beim Parkplatz. Ins Watt geht man anschließend immer barfuß, die Schuhe kann man getrost oberhalb der Treppe zu den zahlreichen bereits vorhandenen stellen. Es sei denn, es steht die Wattdurchquerung bis nach Amrum an – bitte nur mit Führer –, denn dann werden Sie ihre Schuhe für die Fährfahrt zurück noch brauchen.

Treppeneinstieg Wattwanderung
Parkmöglichkeit am Deichparkplatz Dunsum
Großdunsum 1002
25938 Dunsum
foehr.de/wattwanderungen

2 Entdecken
Dunsum

Das letzte Café vorm Wattenmeer

Wer dem Namen alle Ehre machen will und zur Wattwanderung möglicherweise bis nach Amrum aufbricht, für den ist das Café „Zum Wattenläufer“ die letzte Einkehrmöglichkeit, bevor es in den Schlick geht. Für andere wiederum ist das kürzlich renovierte Café bei der Inselumrundung mit dem Fahrrad das erste Anzeichen dafür, dass die Zivilisation nach dem einsamen Föhrer Norden wieder erreicht und die Hälfte der Tour geschafft ist. Was auch immer man noch vor hat, das kleine Café ist der ideale Ort, um sich dafür zu stärken. Knusprige Flammkuchen, herzhafte Gerichte und leckere Torten und Kuchen finden sich auf der Speisekarte, wobei der Föhrer Lammbraten und der Weißkohlpudding die Spezialitäten des Hauses sind. Sehr empfehlenswert ist auch der köstliche Blaubeerpfannkuchen. In der Saison gibt es öfters Veranstaltungen wie Grillabende mit Live-Musik.

Café „Zum Wattenläufer"
Dunsum 25
25938 Groß-Dunsum
T. 0160 4722845

3 **Erleben**
Dunsum

Erlebnis auf dem Bauernhof
Die Wurzeln von Hinrichsens Bauernhof im Westen der Insel gehen zurück bis in die Mitte des 17. Jahrhunderts. Vor über 10 Jahren wurde dann die Entscheidung umgesetzt, den zuvor landwirtschaftlichen Betrieb auf einen Erlebnisbauernhof umzustellen. Seitdem wird den zahlreichen Besuchern Erlebnis, Spaß und Genuss geboten. Hier kann man nicht nur Baseball, Fußballgolf oder Funballz spielen, sondern auch viel über die Aufzucht und Haltung der Shorthornrinderherde oder der Husumer Protestschweine lernen und erleben. Im Hofcafé gibt es nicht nur köstliche selbst gemachte Kuchen und Torten, sondern in dem zugehörigen Restaurant werden die Fleischspezialitäten

der hofeigenen Tiere serviert – hier kann man wirklich von 100 Prozent selbst gemacht sprechen. Seit kurzem wird auf dem Hof außerdem der eigene Whisky hergestellt und auch in diesem Fall wird vom Anbau und der Ernte des Getreides bis zur Abfüllung des feinen Tropfens alles auf dem Hof gemacht. Interessierten bietet sich die Möglichkeit, bei einer Distilleryführung spannende Einblicke in die Herstellung des friesischen Whiskys zu bekommen.

Hinrichsen's Farm
Haus 23
25938 Dunsum
T. 04683 9634979
hinrichsens-farm.de

Entdecken
Utersum

Frühgeschichtliches Loch im Boden
Für viele mag es nur ein Loch im Boden und nicht sonderlich sehenswert sein. Daher ist es vermutlich ganz gut, dass dieses etwa 5.000 Jahre alte Megalithgrab so versteckt gelegen ist. Wirklich intensiv danach suchen werden nur diejenigen, die sich für solch jungsteinzeitliche Relikte ernsthaft interessieren. Das Sunberig-Grab, was passenderweise Sandberg bedeutet, weist eine rechteckige, nur knapp zwei Meter lange Grabkammer auf, die von mehreren großen Steinplatten gebildet wird und ursprünglich mit Erde bedeckt war. Das Grab wurde bereits 1895 geöffnet, einer der beiden Decksteine liegt immer noch etwas verloren daneben. Gefunden wurden ein Steinbeil sowie Knochenreste und Totenasche. Diesem unermesslich alten Relikt aus der Steinzeit kann man zwischen Strand- und Cafébesuch durchaus mal einen Besuch abstatten, bleibt nur noch zu klären, wo es zu finden ist. Ungefähr auf Höhe der Utersumer Seebrücke führt ein kleiner Trampelpfad durch dichten Schilfbestand vom Deich herunter und nach wenigen Schritten zur Megalithanlage.

Megalithanlage Sunberig
Klaf 2
25938 Utersum

5 **Entdecken**
Utersum

Seebrücke mit Ausblick

So wie man es aus den herrschaftlichen Seebädern an der Ostseeküste Mecklenburg-Vorpommerns kennt, so wollte man in Utersum anscheinend auch eine eindrucksvolle Seebrücke errichten. Doch wie von den Föhrern gewohnt, wurde auch dabei Wert auf Praktikabilität anstatt auf Protz gelegt. Als komplett in Holz gehaltene Ausführung erinnert die Seebrücke eher an einen Bootssteg, besitzt dadurch aber auch deutlich mehr Charme als die monströsen, steinernen Vorbilder. Vom Steg aus (ebenso wie vom Strand) bietet sich ein grandioses Panorama über die Wattenlandschaft, der Blick schweift bis zur greifbar nah erscheinenden Amrumer Odde und bei guter Sicht sogar bis zur Hörnumer Odde der Nachbarinsel Sylt. Zum beliebten Fotomotiv wird die Seebrücke auch durch den mächtigen Flutmarkenpfahl, auf dem häufig eine zutrauliche Möwe posiert. Den Rest des Tages lässt man am besten am Strand ausklingen, der als einer der schönsten auf der ganzen Insel gilt.

Seebrücke Utersum
unweit des Strandparkplatzes Utersum
25938 Utersum

6 Genießen
Utersum

Mediterranes Flair am Wattenmeer

Ein Restaurant mit französisch inspirierter Küche ganz am Ende der Insel macht neugierig. Und tatsächlich ist das Haus „Alter Glanz“, wie man den Namen übersetzen könnte, bereits seit 20 Jahren eine Institution, wenn es um gehobene Küche auf der Insel geht. Berühmt nicht nur für die besonders hergestellten Friesentorten und Windbeutel, sondern vor allem auch für eine experimentelle Mischung aus mediterranen Gerichten, friesisch interpretiert. Großer Wert wird auf die Verarbeitung frischer, überwiegend selbst produzierter oder von der Insel bezogener Produkte gelegt. Daher wandelt sich die Karte im Gleichschritt mit den Jahreszeiten, denn nur saisonale Produkte können die gewünschte Frische und Qualität garantieren.

Ual Skinne
Boowen Taarep 11
25938 Utersum
T. 04683 1398
ual-skinne.de

7 Genießen
Utersum

Die erste Adresse für Torten auf der Insel

Für Freunde sahniger, fruchtiger und cremiger Tortenstücke ist die Fahrt in den Inselwesten zu Stefans Tortenmanufaktur ein Muss. Hier trifft Handwerkskunst auf frische Zutaten und echte Leidenschaft bei der Kreation der Torten. Einige Strandkörbe und Tische laden bei gutem Wetter dazu ein, die handgefertigten Kunstwerke zusammen mit einem leckeren Kaffee zu genießen. Wer in Eile ist und keine Zeit zur Einkehr hat, kann trotzdem etwas auf den Weg für die Weiterfahrt mit dem Rad mitnehmen, denn saftiges Marzipangebäck, knusprige Kekse, klassische Kuchen und sogar Brötchen sind ebenfalls im Angebot.

Stefans Tortenmanufaktur
Boowen Taarep 14
25938 Utersum
T. 04683 9639624

8 **Entdecken**
Utersum

Die Föhrer Zwerge

Die nordische Mythologie kennt allerlei Fabelwesen und auch die Föhrer Bevölkerung schien für Sagen empfänglich zu sein. So wurden unerklärliche Vorkommnisse und Missgeschicke dem Wirken kleiner Zwerge, den sogenannten Oterbaankins, zugeschrieben, die den Bewohnern von Föhr gerne Streiche spielten. Andererseits konnte man sie auch bestechen, sodass sie hilfsbereit wurden oder aber zumindest ihren Schabernack woanders trieben. In Utersum begegnet man den Oterbaankins heute noch, allerdings nur noch in Form von kleinen steinernen Figuren, die hin und wieder am Wegesrand aufgestellt sind. Wobei vielleicht haben – wer weiß – die kleinen Zwerge ja auch heute noch bei manchem Malheur ihre Finger im Spiel. Wer einen der Oterbaankins in den heimischen Garten umsiedeln möchte, kann die Skulpturen in der Tourist-Information in Utersum erwerben.

Oterbaankins Utersum
Weitere Informationen bei der Tourist Information
Haus des Gastes
Klaf 2
25938 Utersum
T. 04681 300
foehr.de

9 Genießen
Utersum

Norddeutsche Gerichte in stilvollem Ambiente

Im modern eingerichteten Restaurant Hennigs erwartet den Besucher eine Speisekarte voller klassischer Fisch- und Fleischgerichte. Nordseescholle und Lachs sind ebenso vertreten wie Deichlamm und Schnitzel und werden durch ein ausgewähltes Sortiment vegetarischer Gerichte ergänzt. Ein besonderes Highlight sind außerdem die kunstvoll angerichteten Desserts, wie Crème Brûlée oder Zimtparfait, als krönender Abschluss des Abends.

Restaurant Hennigs
Jaardenhuug 2
25938 Utersum
T. 04683 963330
wastwinj.de

10 Erleben
Utersum

Surfen lernen im Wattenmeer

Herrlich in den Dünen gelegen zwischen dem Südende des Utersumer Strands und dem Hundestrand findet sich die Surfschule Westend Surfing. Das freundliche Team um Surflehrer Ben bietet eine große Anzahl an Kursen zum Kitesurfen, dem (mittlerweile nicht mehr ganz so) neuen Trendsport Wingfoilen und Stand-Up-Paddling (SUP) an. Vom absoluten Anfänger bis zum versierten Wassersportler ist für jeden das passende Angebot dabei. Durch die geschützte Lage Föhrs hinter den Inseln Sylt und Amrum sind die Bedingungen hier ideal für Ein- und Aufsteiger des Brettsports. Der Wind weht hier meistens moderat und auch die schwere Nordseedünung kommt kaum durch das flache Wattenmeer. Der Priel, der unmittelbar vor der Föhrer Westküste verläuft, sorgt allerdings selbst bei Ebbe dafür, dass Kitesurfen möglich ist und selbst mit dem SUP-Board ergeben sich so interessante Routen für Entdeckungstouren durch das Watt, da man sich auch einfach mal mit der Strömung treiben lassen kann. Aber Vorsicht, die Strömung kann mitunter unerwartet stark werden, im Zweifel also besser eine der geführten Touren der Surfschule buchen.

Westend Surfing
Klaf 27
25938 Utersum
T. 01517 0101530
westendsurfing.com

11 **Entdecken**
Utersum

Der ruhige Südwesten

Wenn auf der übrigen Insel die bekannten Orte, Strände und Attraktionen in Besuchermassen versinken, kann man sich in den Südwesten Föhrs flüchten, wo man oft den ganzen Strand für sich hat und die Ruhe genießen kann. Am besten kommt man mit dem Fahrrad über den Weg „Sandscheerweg" oder alternativ den „Weg an Wester Bergen", an deren Ende man sein Gefährt parken sollte (das Auto ist für diesen Ausflug denkbar ungeeignet). Hier steht man bereits auf den Überbleibseln eines alten Kliffs oberhalb des Strands. Wer sich noch nach etwas Bewegung sehnt, kann nach Belieben den Strand in Richtung Westen (hier wird es wieder voller) oder Richtung Osten (nach wenigen Schritten steht man alleine am Strand), bis zur Goldeniederung (s. Tipp 7, Seite 108) entlangwandern (Schutzzonen nicht betreten!). Wie man sich auch entscheidet, in beiden Fällen bietet es sich an, bei Ebbe die trockengefallenen Bereiche zu erkunden und für den Rückweg einen Schlenker durch das Binnenland zu unternehmen.

Wanderung im Südwesten
Sandscheerweg
25938 Utersum

12 Entdecken
Utersum

Relikt aus der Bronzezeit

Der Name, den die Föhrer diesen Bronzezeitlichen Grabhügeln gegeben haben, ist recht passend, bedeutet er doch übersetzt „bei den drei Hügeln“. Über 500 stein- und bronzezeitliche Grabhügel soll es ursprünglich auf der Insel gegeben haben, von denen nur noch ein Bruchteil erhalten geblieben ist. Viele waren den Bauern beim Flügen ihrer Felder im Wege und die enthaltenen riesigen Steine, die zumeist die Grabkammern bildeten, wurden zerkleinert und als willkommenes Baumaterial auf der steinarmen Insel verwendet. Wenn man sich ausmalt, welchen Aufwand die bronzezeitlichen Inselbewohner vor 4.000 Jahren betrieben um die Grabhügel mit reiner Muskelkraft zu errichten und die tonnenschweren Steine oft kilometerweit zu bewegen, betrachtet man die für den Laien oft langweiligen Erdhügel vielleicht mit anderen Augen. Die Grabhügel Triibergem sind außerdem eng mit der Sage der Oterbaankins (s. Tipp 8) verwoben, von denen einige hier gewohnt haben sollen, bis ein vermeintlich dummer Bauernsohn sie überlistete und so zu Ruhm und Reichtum kam. In den Grabhügeln fand man passend zur Entstehungsepoche Bronzedolchklingen und eine Urne mit der Asche der Bestatteten. Die meisten aller Grabfundstücke von Föhr sind übrigens im Friesen-Museum ausgestellt (s. Tipp 50, Seite 42). Zwischen den Grabhügeln wurden kurioserweise sogar Reste von altgermanischem Ackerbau gefunden.

Triibergem
Triibergem 65
25938 Utersum

13 **Entdecken**
Dunsum, Oldsum, Utersum

Der Insel-Nordwesten per Pedes

In dem im Jahre 2002 gegründeten Verein Insel- und Hallig Konferenz haben sich 26 Gemeinden der Region zusammengeschlossen, um die Wirtschaft und die Kultur zu stärken. Eines der Projekte des Vereins ist die Ausarbeitung von Wandertouren in der nordfriesischen Region. Auf Föhr gibt es neben einer Föhr-Südost-Route auch eine Nord-West-Tour. Letztere führt von Dunsum startend über den deichparallelen Marschweg zum Deich am Oldsumer Vorland und biegt nach Abstecher zu den Föhrer Salzwiesen am Schöpfwerk in Richtung Oldsum ab. Von dort geht es an Süderende und der Toftumer Heide vorbei mit einem Abstecher zur Lembecksburg weiter an Moncklembergem, einer Hügelgräbergruppe, und der St. Laurentii Kirche von Süderende am Nordzipfel von Utersum an den Deich und Richtung Norden wieder zum Ausgangspunkt in Dunsum. Die Strecke ist etwa 7 km lang und es gibt ein begleitendes Heftchen über die Tour. Sie ist aber auch im Internet auf der Homepage unter „Projekte" und „Expedition Uthlande" verfügbar.

Wanderung Föhr-Nordwest
Insel- und Halligkonferenz e. V.
Hafenstr. 23
25938 Wyk
T. 04681 3468 (Natalie Eckelt)
ihko.de

Oldsum & Süderende

1 **Entdecken**
Oldsum

Der wilde Inselnorden

Überfüllte Strände, lange Schlangen vor den Cafés und zugeparkte Sehenswürdigkeiten – auch auf Föhr kann es in der Hauptsaison sehr voll werden. Wer Ruhe sucht und dem Trubel ausweichen möchte, sollte sich mit dem Rad oder zu Fuß in den Norden der Insel aufmachen. Von Oldsum aus zum Beispiel erreicht man nach etwa zwei Kilometern durch das etwas monotone Mosaik aus Wiesen und Gräben in der Marsch den Deich und die ihm vorgelagerten Salzgrünländer, die ins Wattenmeer übergehen. Als besonders wichtiges Rast- und Brutgebiet sind die Salzwiesen und das gesamte Wattenmeer unter Naturschutz gestellt. Ein Bauwagen der Schutzstation Wattenmeer dient in den Sommermonaten als Unterkunft für einen Vogelwart, den man mit etwas Glück bei der Arbeit beobachten kann. Neben Vogelzählungen und Kartierungen zählen auch der Schutz der Vogelbrutplätze und Spülsaumkontrollen zu seinen Aufgaben. Am Bauwagen, beziehungsweise direkt beim Vogelwart, kann man sich außerdem über das Schutzgebiet und die vorkommenden Tier- und Pflanzenarten informieren. Westlich des Schöpfwerks (einige hundert Meter westlich des Bauwagens) darf ein kleiner Teil der Salzwiesen, das sogenannten Sörenswai-Vorland, betreten werden.

Einfach dem Schild „Zum Strand“ folgen und hinter den flachen Dünen erreicht man einen kleinen Strand, der sogar Bademöglichkeit bietet. Hier ist man fast immer alleine und kann die, nur vom Möwengeschrei oder dem Wellenrauschen unterbrochene Ruhe, genießen.

Oldsumer Vorland
Von Oldsum Richtung Norden über „Siedlerweg“ oder „Olersem Miadwai“
Weitere Informationen unter: schutzstation-wattenmeer.de

2 Genießen
Oldsum

Vielfältige Gerichte im alten Wirtshaus

Einige friesische Klassiker und gutbürgerliche Landhausküche hält das Ual Fering Wiartshüs für hungrige Besucher des Künstlerdorfs Oldsum bereit. Lamm aus den Salzwiesen, Matjes und Scholle werden ergänzt durch landesweit beliebte Gerichte wie Steak, Schnitzel oder Burger und eine Auswahl an Salaten und vegetarischen Gerichten. Die dezente, klassische Einrichtung schafft eine gemütliche Atmosphäre, um die leckeren Gerichte zu genießen und ein geräumiger Saal bietet die Möglichkeit für Veranstaltungen und größere Feste.

Ual Fering Wiartshüs
Haus 141
25938 Oldsum auf Föhr
T. 04683 465
wirtshaus-oldsum.de

3 Genießen
Oldsum

Pause im Obstgarten

In diesem Café ist der Name Programm, denn wer das Glück hat, bei gutem Wetter einen der beliebten Tische im Garten zu ergattern, sitzt wohlbeschattet unter unzähligen Apfelbäumen. Doch auch die Plätze im Innern des klassisch eingerichteten, reetgedeckten Friesenhauses sind sehr gemütlich. Bereits seit über 25 Jahren kann man hier ausnahmslos selbst hergestellte kleine Gerichte und vor allem leckere Kaffeespezialitäten und kunstvolle Torten und Kuchen genießen. Bei den Zutaten wird ein großes Augenmerk auf Bio-Qualität und Produkte von der Insel, zumindest aber aus der näheren Umgebung, gelegt. Und das Ergebnis

kann sich sehen und vor allem auch schmecken lassen. Sehr empfehlenswert sind der klassische Apfelkuchen und die Friesentorte, aber auch die kunstvoll präparierten Eisbecher. Abgerundet wird die Karte durch eine große Auswahl an Tees, Säften, aber auch Weinen. Wer sich selbst mal an den teils klassisch friesischen, teils auf der Insel doch eher ungewöhnlichen Gerichten (Zwiebelkuchen) versuchen möchte, kann das von den Besitzern des Cafés kreierte Kochbuch konsultieren und findet hier nicht nur die Rezepte zu den leckeren Gerichten, sondern auch Geschichten und Anekdoten über die Insel und ihre Bewohner.

Café im Apfelgarten
Haus 86
25938 Oldsum/Föhr
T. 04683 898
imapfelgarten.de

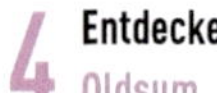
Entdecken
Oldsum

Mode im Apfelgarten
Die altehrwürdige, restaurierte Scheune im Herzen Oldsums beherbergt nicht nur das Café im Apfelgarten (s. Tipp 3), sondern auch das kleine Bekleidungsgeschäft „Inge Haferkorn". Hier findet man nichts von der Stange, sondern handverlesene Mode, die vor allem durch Qualität überzeugen soll: traditionelle englische Mäntel, Decken, Pullover und Schals aus irischer Wolle oder Shirts und Hemden aus der Bretagne und Dänemark. Zudem wird man von der Besitzerin persönlich beraten. Abgerundet wird das Angebot an Textilien durch Porzellan, Dekorationszubehör, ulkiges oder merkwürdiges, auch direkt von der Insel. Inge Haferkorn ist auch Buchautorin und ihre gern vor Ort gekauften Werke mit Geschichten von Föhr können im Laden durchblättert und erworben werden.

Inge Haferkorn
Nr. 86
25938 Oldsum auf Föhr
T. 04683 771; 04683 962193
inge-haferkorn.de

5 Genießen
Oldsum

Kaffee und Kuchen in der Töpferstube

Vor allem die friesischen blau-weißen Küchenfliesen mit den kunstvollen Motiven sind weltbekannt und finden sich schon seit Jahrhunderten in den Föhrer Häusern. Die Keramiktradition wird in Stelly's Hüüs, am Westrand von Oldsum gelegen, bewahrt. Die Tassen, Kannen, Becher und Teller werden mit viel Liebe fürs Detail im Haus per Hand gefertigt und auch verkauft. Vor oder nach dem Stöbern in der Töpferstube sollte man sich in dem integrierten Café ein Stück selbst gemachte Torte, Waffel oder Kuchen und dazu eine Kaffee- oder Teespezialität gönnen. Die Friesentorte im Windbeutelformat ist bereits inselbekannt. Abgerundet wird das Angebot durch kleine herzhafte Speisen.

Stelly's Hüüs
Haus 38
25938 Oldsum auf Föhr
T. 04683 306
stellys-cafe.de

6 Genießen
Oldsum

Den Geschmack der Insel zum Mitnehmen

Nur als Mitbringsel sind die Köstlichkeiten der Föhrer Genussmanufaktur eigentlich viel zu schade, aber genau dafür sind sie prädestiniert. Das Sortiment umfasst unzählige Marmeladen wie Apfelgelee oder Erdbeere mit Rhabarber, aber auch ungewöhnliche Kombinationen wie Erdbeere mit Sekt, oder Minzgelee. In den sich unter der Last der gefüllten Gläser biegenden Regalen finden sich außerdem Senf in unterschiedlichen Geschmacksrichtungen, Saucen, Gewürzmischungen, Essige und Öle. Soweit möglich kommen alle Zutaten von der Insel, mit Ausnahme der Früchte, die in dem Föhrer Klima nicht gedeihen. Also unbedingt auch für den eigenen Genuss ein paar Gläser einpacken und so ein Stück des Inselaromas mit nach Hause nehmen!

Inselfein – Föhrer GenussManufaktur
Haus 139
25938 Oldsum
T. 04683 693250
inselfein.de

7 Entdecken
Oldsum

Internationales Angebot für die Bereiche Wohnen, Mode, Freizeit, Schenken und Hobby

Der kleine Laden gegenüber von Stelly's Hüüs fällt auf, weil das bunte Angebot an Wohn-, Mode und Hobby-Utensilien bereits Teile des Vorplatzes belegt, sodass man sich bereits nach wenigen Schritten von der Straße im Laden befindet. Benannt haben Mutter und Tochter Heide und Jose den Laden nach ihrer Oma und Uroma, die Mariechen hieß. Gehen Sie mal rein und stöbern in dem international aufgestellten Sortiment: Da finden Sie beispielsweise Outdoor-Kleidung von Fjäll Räven aus Schweden, nachhaltig produziertes Geschirr von Costa Nova aus Portugal, Raumduftlösungen der amerikanischen Firma Greenleaf, Produkte des französischen Modeherstellers Hublot Mode Marine, Wohnaccessoires und Einrichtungsgegenstände der holländischen Knit Factory, Gewürze der Manufaktur Liebelei aus Schleswig-Holstein, Mode der dänischen Firma Kaffe, Lillestoff made in Germany, Design- und Geschenkartikel von Good old friends und diverse weitere. Wer ins Bastel-Metier einsteigen möchte, kann sich für einen der wöchentlich angebotenen Workshops anmelden.

Mariechen – Wohnen, Mode & Hobby
Oldsum 37A
25938 Oldsum
T. 04683 962040
mariechen-föhr.de

8 Entdecken und Genießen
Oldsum

Entspannungs- und Inselmusik vom Feinsten

Wer zu Hause im Binnenland auf dem Sofa sitzt und von der Insel träumt, legt sich am besten eine der CDs mit ruhiger und entspannender Inselmusik von Hauke Nissen auf. Meeresrauschen, Vogelgesang und Möwenrufe sowie andere Naturgeräusche vermischt mit musikalischen Klängen von Flöte, Gitarre, Klavier, Glockenspiel, Harfe und weiteren lassen einen mühelos in Gedanken an den Föhrer Strand, in die Salzwiese und ins Watt zurückkehren. Inspiriert durch die Inselnatur und jahrelange Meditation sowie durch seine intensive Beziehung zur Musik hat der von Föhr stammende und in Oldsum lebende Musiker eine ganze Reihe wunderbarer CDs mit Entspannungs- und Naturmusik eingespielt. Die

Titel der Aufnahmen „Lied der Stille", „Weiter Himmel – stille See", „Poesie am Meer", „Inselsommer" und „Im Garten des Glücks" sprechen für sich und lassen den Schwerpunkt der Musik für verträumte, stille und kontemplative Stunden sogleich erkennen. Seit der ersten CD im Jahre 1994 mit dem Titel „Heimwärts" – gemäß dem Aphorismus des Romantik-Dichters Novalis „Wo gehn wir denn hin? - Immer nach Hause" – ist eine bunte Palette weiterer Titel erschienen, die man im kleinen Laden Art & Weise erwerben kann. Hier gibt es auch ausgewählte Bücher, Aroma-Öle, Seifen, Spiele, besonderes Briefpapier und andere schöne Dinge wie etwa die feinen Zeichnungen der Künstlerin Annette Nissen.

Art & Weise
Laden, Klangraum, Galerie
Haus 56
25938 Oldsum
T. 04683 1010
haukenissen.de

Entdecken
Oldsum

Produziert auf den Deichen der Insel

Egal wo man auf Föhr unterwegs ist, Schafen begegnet man fast überall. Doch sie sind nicht nur im Auftrag des Küstenschutzes unterwegs, um den Bewuchs auf den Deichen kurz zu halten, sondern möchten regelmäßig auch von ihrem dichten Pelz befreit werden. Da liegt es nahe, diese hochwertige Wolle direkt auf der Insel zu veredeln und weiterzuverarbeiten. Das hat sich auch Heike Müller in Oldsum gedacht und mit „Föhrer

Wolle“ das Ziel Nummer eins für alle Strick-, Filz- und Webbegeisterten auf Föhr eingerichtet. Die in mühsamer Handarbeit aufbereitete, gesponnene und gefärbte Wolle bekommt man hier in allen erdenklichen Farben. Wer nicht die Muße oder das Geschick zum Selberstricken hat, sollte trotzdem mal vorbeischauen, denn der kleine Laden umfasst auch immer ein Sortiment an fertig gestrickten Produkten wie Strickjacken, Socken, Schals und Mützen.

Föhrer Wolle
Haus 61
25938 Oldsum auf Föhr
T. 04683 9633878
foehrer-wolle.de

10 Entdecken
Oldsum

Baudenkmal aus der Ferne betrachtet
Bis vor wenigen Jahrzehnten gab es noch zahlreiche Windmühlen auf der kornreichen Insel, von denen lediglich fünf bis heute erhalten geblieben sind. Die besonders schöne, reetgedeckte Mühle von Oldsum befindet sich etwas südlich des Orts und stammt ursprünglich aus dem 18. Jahrhundert. Nach einem schweren Brand wurde sie 1901 neu errichtet und bis 1954 zum Kornmahlen genutzt. Zusammen mit einem neu errichteten Anbau dient die Mühle seit 1972 als Wohnhaus, daher kann die Mühle aktuell nicht besichtigt und auch das Grundstück nicht betreten werden. Als die Mühle kürzlich zum Verkauf angeboten wurde, gründete sich

schnell ein Verein, der es sich zum Ziel gesetzt hat, die Mühle zu erwerben, als Kulturdenkmal zu erhalten und zu einer kulturellen Begegnungsstätte mit Ausstellungen, Konzerten und Vorträgen zu machen. Vielleicht kann man also schon bald das Innere der Mühle besichtigen, anstatt sie nur aus der Ferne zu betrachten.

Mühle Oldsum
Toftum 190
25938 Oldsum

11 Genießen und Erleben
Süderende

Schlemmen und Übernachten auf dem Bauernhof

Gerade für Kinder ist es ein tolles Erlebnis, morgens auf dem Bauernhof nach einer Nacht im Heubett mit umher rennenden Hühnern und Eseln aufzuwachen. Und nach einem vielfältigen Frühstück sind alle bereit, weiter die Insel zu erkunden. Föhrs einzige Heuherberge in Süderende ist ein besonderer Tipp für alle, die mit (aber auch ohne) Kindern ein besonderes Übernachtungserlebnis genießen wollen. Die in einzelnen Räumen befindlichen Kojen sind mit frischem Heu gefüllt, sodass man nur noch seinen Schlafsack ausrollen muss. Schlafen mit dem Geruch der Insel in der

Nase ist so garantiert. Auf dem Bauernhof findet sich außerdem ein hübsch eingerichtetes Landcafé mit Frühstück (für die Gäste und nach Anmeldung), leckeren Kuchen, Torten und Kaffeespezialitäten, die man bei gutem Wetter am besten auf der großzügigen Terrasse genießt. An bestimmten Tagen werden auch größere Speisen wie zum Beispiel Fisch vom Grill angeboten. Der Besuch lohnt sich also auch für alle, die ein normales Bett dem Erlebnis Heuherberge vorziehen.

Karins Landcafé und Heuherberge
Haus 26b
25938 Süderende
T. 04683 1051
heuherberge-foehr.de

12 Entdecken
Süderende

Erinnerung an den Blanken Hans

Wer in Föhrs Westen zwischen Dorfcafé und Strand unterwegs ist, der wird diese kleine Sehenswürdigkeit leicht übersehen. Ganz unscheinbar steht im Westen von Süderende auf Höhe des Hauses Sarkstigh 27a ein mächtiger, behauener Gedenkstein, der an die schwere Sturmflut in der Nacht vom 16. auf den 17. Februar 1962 erinnert. Aufgrund eines ungünstigen Zusammentreffens von Flut und orkanartigen Westwinden lief das Wasser bis auf 4,35 Meter über NN auf. Der Stein veranschaulicht, was das bedeutet: Hier im Ort hätten die Bewohner nicht nur nasse Füße bekommen. Dass es nicht so weit kam, verdankten die Inselbewohner den Deichanlagen, die den Wassermassen mit Müh' und Not standhielten, vermutlich auch nur, weil auf Amrum ein Deich brach und so etwas Druck aus den Fluten genommen wurde. Weniger Glück hatten die Menschen in Hamburg (daher auch oft „Hamburgflut" genannt), wo ganze Stadtteile überflutet wurden. Aber auch in Wyk, vor allem am Hafen, entstanden schwere Schäden. Weitere dieser Sturmflutanzeiger finden sich in Wyk, Utersum, Nieblum und Oldsum.

Sturmflutanzeiger Süderende
Sarkstigh 27a
25938 Süderende

13 Genießen
Süderende

Köstlichkeiten aus der Föhrer Marsch

Die Föhrer Marsch, also der platte Bereich, der sich an die leicht hügelige Geest im Inselsüden anschließt, ist aufgrund des fruchtbaren Bodens prädestiniert für den Ackerbau. Hinzu kommt die Lage Föhrs, vor starken Winden geschützt durch die Nachbarinseln Sylt und Amrum. Im Herzen der Marsch, etwas westlich der St. Laurentii Kirche, betreibt die Familie Arfsten bereits seit fünf Generationen Landwirtschaft und nun auch schon seit Jahrzehnten reinen Gemüseanbau. Bis weit über die Insel hinaus berühmt sind die Kartoffeln, die auf 7 Hektar angebaut und im Herbst im hohen Tonnenmaßstab geerntet werden. Die anspruchsvolleren Früchte wie Karotten, Tomaten, Zucchini und Gurken wachsen gut geschützt in großen Gewächshäusern. Abgerundet wird das Sortiment durch feine Kräuter von den angrenzenden Feldern. Wer bereits das eine oder andere Restaurant auf Föhr getestet hat, der hat mit hoher Wahrscheinlichkeit auch schon Gemüse vom Arfsten Hof auf dem Teller gehabt. Neben den Wochenmärkten in Wyk und Oevenum bietet sich auch bei ausgewählten Einzelhändlern die Gelegenheit, frisches Gemüse direkt von der Insel zu ergattern.

Ferien- und Gemüsehof Familie Arfsten
Aussiedlerhof Nr. 31
25938 Süderende auf Föhr
T. 04683 96119
hofarfsten.de

14 Entdecken
Süderende

Gedenken an einen großen Freund der Insel
Versteckt in einem Wäldchen, etwa 200 Meter östlich der St. Laurentii-Kirche in Süderende, steht der 1973 errichtete Lorenz Braren Gedenkstein. Alle außer absoluten Föhr-Kennern werden sich nun fragen: Lorenz wer? Und warum wird ihm ein Gedenkstein gewidmet? Wobei er Getriebefachleuten durchaus auch ein Begriff sein könnte, hat er sich doch mit Erfindungen und Patenten auf diesem Gebiet in den 1920er- und 1930er-Jahren einen Namen gemacht. Da seine Eltern von Föhr stammten, blieb er der Insel stets verbunden und begann bereits 1906 im Alter von 20 Jahren ein dreibändiges Werk über die verwandtschaftlichen Verhältnisse unzähliger Föhrer, vorgeschichtliche Denkmäler und Wattströme rund um die Insel anzufertigen. Mit seiner eigenen Stiftung konnte er außerdem wichtige

Beiträge zur friesischen Kulturpflege und Heimatarbeit leisten. Unter anderem die Ausgrabungen an dem nahegelegenen frühgeschichtlichen Bestattungsplatz „Monklembergem“ wurden von ihm finanziert. Der 1953 verstorbene und auf der Insel zur damaligen Zeit sehr beliebte Ingenieur fand seine letzte Ruhestätte auf seiner geliebten Insel nur wenige Schritte entfernt auf dem Friedhof der St. Laurentii-Kirche (s. Tipp 16).

Lorenz Braren Gedenkstätte
Taftem Hoofstig
25938 Oldsum

15 Erleben
Süderende

Heiliger Ort der Frühgeschichte

Wer an dem Lorenz Braren Gedenkstein (s. Tipp 14) unweit der St. Laurentii-Kirche (s. Tipp 16) dem Pfad nur wenige Schritte weiter folgt, erreicht ein quadratisches Gelände mit mal mehr, mal weniger Gestrüpp und verspürt den Wunsch, diesen langweiligen Ort sogleich wieder zu verlassen. Zugegeben, der Pflegezustand sowie die dargebotenen Informationen (ein kleines Schild mit wenigen Worten) lässt zu wünschen übrig. Trotz allem ist es lohnenswert, sich ein wenig mit diesem Relikt aus der Frühzeit zu beschäftigen. Dabei handelt es sich, zumindest darin sind sich die Fachleute einig, um ein Gräberfeld aus der

Zeit der Wikinger um 900 nach Christus. Über 100 Gräber werden hier vermutet, die heute überwiegend zerstört, teilweise aber noch durch Verfärbungen in der Vegetation erkennbar sind. Bei den sieben kleinen Erdhügeln, die durch einen viereckigen Wall eingefasst sind, handelt es sich wahrscheinlich um die Gräber einer wohlhabenden Familie. Bei Grabungen, unter anderem finanziert von Lorenz Braren (s. Tipp 14), wurden in den Erdhügeln Urnen mit Totenasche gefunden, die in einer Art Totenhäuschen untergebracht waren. Vermutlich befand sich hier in der Nähe eine heidnische heilige Stätte, was auch den Bau der St. Laurentii-Kirche in unmittelbarer Nähe erklärt.

Monklembergem
Taftem Hoofstig
25938 Oldsum

16 Entdecken
Süderende

Patchwork-Kirche der Jahrhunderte

Wer die St. Laurentii Kirche über die flachen Wiesen bereits aus der Ferne erblickt, mag sich fragen, warum das Gotteshaus fernab sämtlicher Dörfer gerade hier errichtet wurde. Diese Frage kann heute niemand mehr mit Sicherheit beantworten, aber es ist wohl recht wahrscheinlich, dass sich hier in der Nähe eine heilige Städte aus frühgeschichtlicher Zeit befunden hat, worauf auch der Standort des nahegelegenen Monklembergem (s. Tipp 15) hindeutet. Errichtet im 12. Jahrhundert, sieht man der Kirche die erlebten Jahrhunderte mit ihren jeweiligen Baustilen recht deutlich an. Der ursprüngliche romanische Bau aus Granitquadern ist vor allem im Mittelteil noch gut erkennbar, es folgten diverse Erweiterungen und Ausbauten, die mit den heute dominanten Backsteinen durchgeführt wurden. Es wurde in alle Richtungen erweitert, Fenster verändert und auch der Turm ist im 15. Jahrhundert nach Vorbild der Nieblumer Kirche ergänzt worden. Prägnant sind außerdem die mächtigen außenliegenden Stützpfeiler der Wände,

die ergänzt wurden, um den Wechsel von Flachdach zu Gewölbe statisch tragfähig zu machen. Sehenswert sind auf dem Friedhofsgelände die kunstvollen Grabsteine des Walfängers Matthias Petersen und des als „Grönlandfahrer" bekannten Julius August Ketels. Im Inneren ist vor allem die Confidentenlade, ein großer Holzkasten aus dem 18. Jahrhundert, interessant. Dabei handelt es sich um eine Art Einwurfkasten für Anmeldungen zum heiligen Abendmahl, sortiert nach den umliegenden Dörfern. So zeigt sich auch, dass der Standort der Kirche eventuell aus rein praktischen Gründen gewählt wurde, um im Mittelpunkt der Dörfer in Föhrs Westen zu liegen.

St. Laurentii Kirche
Süderende 2
25938 Süderende
T. 04683 350
st-laurentii.de

17 Entdecken und Genießen
Süderende

Welt- und Regionalgeschichte mal anders präsentiert

Wer durch Süderende schlendert und auf eine weiße Kachel mit einem Porträt von Jürgen Rickmers (1825–1907) und einem QR-Code darauf stößt, hat eine der drei Stationen des Audiowalks entdeckt, die am authentischen Ort das ereignisreiche Leben des Kapitäns Rickmers in Kurzform als kleine Hörgeschichte bieten. Neben der ersten Station am Haus 30, in dem Jürgen seine Jugend verbrachte und dem Haus Nr. 80 (Station 2), wo das von Rickmers erbaute Haus steht, finden wir die Station 3 schließlich auf dem Friedhof Süderende mit dem Grab des weitgereisten Seemanns. Produziert wurde die Audiotour von Honig & Gold aus Hamburg, ein professionelles Team, das solche Guides und Podcasts mit anspruchsvollem Sounddesign, passender Musik und spannenden, gut recherchierten und zusammengestellten Geschichten erarbeitet. Der aufwändig produzierte, sehr hörenswerte und interessante Podcast in 10 Folgen (160 Minuten) ist auf der Homepage abrufbar (Jürgen Rickmers – Durch die Stürme des 19. Jahrhunderts). Er berichtet nicht nur vom aufregenden Leben Rickmers, der bereits im Alter von 25 Jahren Kapitän wurde, die ganze Welt bereiste und sich mit 39 Jahren wieder auf Föhr niederließ (als reichster Mann Schleswig-Holsteins, so sagte man), sondern der gesamte geschichtliche Hintergrund der Zeit wird ebenso interessant wie lehrreich zu Ohr gebracht. Diesen und andere Podcasts präsentiert das Honig & Gold Team bisweilen auch als Live-Event auf der Bühne.

Audio-Guide und Podcast Jürgen Rickmers
honigundgold.de

Föhr gesamt

1 **Erleben**

Gesamte Insel und Drumherum

Wie komme ich nach Föhr?

Die meisten werden per Fähre der Wyker Dampfschiffs-Reederei (W.D.R.) vom Hafen Dagebüll nach Föhr und nach Amrum übersetzen. Bis zum Hafen Wyk dauert die Überfahrt 50 Minuten. Bei der Anfahrt per Bahn steigt man vom Fernverkehr in Niebüll in den Zug der Norddeutschen Eisenbahn Niebüll (neg) um. Die Privatbahn fährt bis zum Bahnhof Dagebüll-Mole, direkt am Hafen. Mit dem Auto fährt man von Hamburg gemächlich in 2,5 Stunden nach Dagebüll und kann das Auto entweder mit auf die Insel nehmen (Fährüberfahrt reservieren) oder lässt das Auto auf dem Inselparkplatz in Dagebüll (kostenpflichtig) und fährt per Shuttle-Service die 700 m bis zur Mole. Fahrradmitnahme auf der Fähre (Fahrradkarte lösen!) ist kein Problem. Anreise per Privatflugzeug bis zum kleinen Flughafen auf der Insel ist ebenso möglich wie die Anreise mit dem eigenen Boot zum Yachthafen von Wyk, wo es Gastliegeplätze gibt. Wenn man sich auf Sylt befindet, kann man von Hörnum auf Sylt mit den Adler-Schiffen in der Saison nach Amrum und Föhr gelangen. Eher scherzhaft sei noch die Anreise zu Fuß erwähnt, die nämlich nach Föhr hinüber ebenfalls möglich ist. Von Dagebüll zu Fuß durchs Watt sind es etwa 10 km. Das ist eine der längsten Wattwanderstrecken an der heimischen Nordseeküste überhaupt. Es sind mehrere Priele zu durchqueren.

Diese Wanderung ist ausschließlich unter kundiger Führung und auch nur zu wenigen Terminen im Jahr möglich. Gleiches gilt auch für die Anreise-Wanderung von Amrum nach Föhr, die zwar deutlich kürzer und einfacher ist, aber auch nur unter fachkundiger Führung erfolgen kann.

Anreise Föhr

faehre.de
bahn.de
neg-niebuell.de
inselparkplatz.de
flugplatz-wyk.jimdofree.com.
sportboothafen-wyk.de
adler-schiffe.de

2 Erleben
Gesamte Insel

Die spannendste Uni der Welt

Eine besondere Attraktion für wissbegierige Kinder ist die sommerliche Kinder-Uni Föhr, die bereits seit 2010 jährlich auf der Insel stattfindet. Unterschiedliche Fachleute und Professoren halten Vorträge und Vorlesungen für Kinder zwischen 6 bis 14 Jahren und zahlreiche Veranstaltungen, Exkursionen und Vorführungen werden angeboten. Jeweils eine der Inselgemeinden steht im Mittelpunkt, wie beispielsweise Wyk im Jahre 2019, im Jahr des 200-jährigen Bestehens als erstes staatlich anerkanntes Seebad an der Nordsee; 2018 war es Utersum und im Jahr davor Oldsum; 2020 und 2021 gab es keine ausgewählte Inselgemeinde und ein coronabedingt reduziertes Programm. Wichtige Partner bei der von der Föhr-Tourismus GmbH organisierten Veranstaltung sind u. a. das Friesenmuseum, die Schutzstation Wattenmeer, das Robbenzentrum, das Nationalpark-Zentrum, das Museum Kunst der Westküste und diverse weitere Akteure und Vortragende. Die Themenvielfalt ist beträchtlich: Wetter, Stürme und Gewitter, Brot backen, Müll im Meer, Kunst am Meer, Friesische Sprache, Windenergie, Vögel und andere Tiere des Wattenmeeres, Arbeit der Feuerwehr, Imkerei auf der Insel, Leben auf einem Biohof, Seehunde und Kegelrobben im Meer, Auswirkungen des Klimawandels und viele weitere. Man kann sich also auf die nächste Kinder-Uni freuen.

Kinder-Uni Föhr

foehr.de/kinderuni-foehr

3 Erleben
Wyk und die ganze Insel

Immer was los auf der Insel

Rund 9.000 Einzelveranstaltungen verzeichnet die Föhr Tourismus GmbH, die auch eine regelmäßige Übersicht derselben herausgibt. Einige der Ereignisse kehren jedes Jahr wieder, so wie das Biikebrennen im Februar (s. Tipp 5), Konzerte des Schleswig-Holstein-Musik-Festivals (SHMF, s. Tipp 17) und im Musikpavillon (s. Tipp 24, Seite 25), das Beach Volleyball Turnier, Jazz goes Föhr, das Hafenfestival, Veranstaltungen der Kinderuni (s. Tipp 2), das Utersumer und Wyker Piratenspektakel, das Wyker Straßen- und Kleinkunstfestival, Sandburgenwettbewerbe in Wyk und Utersum, die Buchtage Föhr und die Föhrer Lichterwochen im Herbst. Langeweile sollte also nicht so leicht aufkommen!

Veranstaltungen

foehr.de/veranstaltungen

4 Entdecken
Wyk und Inselorte

Wo kann ich die Nacht verbringen?

Die beliebtesten Unterkünfte sind wohl Ferienwohnungen, -zimmer und -häuser. Eine Übersicht der angebotenen Domizile in unterschiedlichen Qualitäten, Größen und Ausstattungen gibt es bei der Föhr-Tourismus GmbH und es werden auch Unterkünfte vermittelt. Frühzeitige Buchung ist angeraten. Pensionen und Hotels gibt es natürlich auch. Wir nennen hier einmal aus Wyk das Strandhotel in der Königstraße, das Hotel Gregory im Georg-Reimers-Weg, das Kurhaushotel am Sandwall, das Wellness Resort Upstalsboom in der Gmelinstraße am Südstrand, das Hotel garni Duus direkt am Hafen und das Atlantis Hotel am Sandwall. Günstig übernachten kann man in der Jugendherberge (DJH) am westlichen Ortsrand von Wyk nahe dem Flughafen gelegen. Zeltplätze gibt es auf Föhr nicht. Für mit dem Wohnmobil Anreisende gibt es einen Stellplatz in Utersum im Strunwai, der von Mitte März bis Anfang November 62 Stellmöglichkeiten aufweisen kann. Wer die Nacht mal wieder am Strand zubringen möchte, kann einen der Schlafstrandkörbe der Tourist-Information buchen. Es gibt einen in Wyk, zwei in Nieblum und zwei in Utersum.

Übernachten auf Föhr
foehr.de/unterkunft-buchen
strandhotel-föhr.de
hotelgregory.de
kurhaushotel-wyk.de
resort-suedstrand-foehr.de
duus-hotel.de
atlantis-hotel.de
wyk.jugendherberge.de
wohnmobile-foehr.de
foehr.de/schlafstrandkorb

5 **Erleben**
Alle Inselorte

Wärmende Feuer im Spätwinter

Es ist eigentlich ein Fest der Inselbewohner und Nordfriesen, aber mittlerweile strömen auch zahlreiche Gäste aus dem Binnenland am 21. Februar zum Biikebrennen auf die Inseln und an die nordfriesische Küste. Der Ursprung des Fests liegt im Dunkeln, dürfte aber heidnisch sein und beispielsweise ein altes germanisches Frühjahrsfeuer zur Vertreibung böser Geister und des Winters darstellen. Später stand es im Zusammenhang mit der Verabschiedung der Seefahrer. Der nachfolgende Petritag war ein wichtiger Gerichtstag auf den Inseln. Auf Föhr lodern an 14 Stellen Biikefeuer, so viel wie auf keiner anderen der Inseln. Das heute von den Freiwilligen Feuerwehren und Gemeindemitarbeitern in den Wochen vorher gesammelte Brennmaterial wurde früher von den Konfirmanden zusammengetragen. Der Piader, eine Strohpuppe, wird von den Jugendlichen, meist den Konfirmanden, gebastelt und landet als Symbol des Winters letztendlich in den Flammen. Ist die Puppe ins Feuer gefallen und man kann sagen: „Tschüss Winter" (auch wenn es noch ein paar kalte Tage geben mag) geht es langsam in die umliegenden gastronomischen Betriebe. Die Auswahl des Gerichts fällt in diesem Fall nicht schwer: Es gibt überall Grünkohl mit alles.

Biikebrennen
foehr.de/traditionen

Erleben
Gesamt-Föhr

Einmal rund um die Insel

Die Umrundung der Insel Föhr sollte man sich doch einmal gönnen. Die etwa 37 km lange Strecke ist eine nette tagesfüllende Tour, die traditionell von Einheimischen und Gästen am Himmelfahrtstag absolviert wird. Von Wyk am Hafen star-

tend kann man sich im Restaurant Klein Helgoland am Deich noch einmal stärken und hat dann zunächst die gesamte Marsch vor sich. Allerdings ist das Spazieren auf dem Deich ganz angenehm und man kann sowohl das binnendeichs gelegene Grün- und Ackerland sowie seeseitig das Wattenmeer und die offene Nordsee herrlich überblicken. Es lohnt sich also, das Fernglas mitzunehmen. Am Andelhof oder am Bauwagen der Schutzstation Wattenmeer können wir eine kleine Rast einlegen und erreichen alsbald Dunsum und Utersum, von wo aus es am Strand weitergeht. Lediglich die Godelniederung müssen wir etwas umwandern, bevor es am Nieblumer Strand vorbei wieder an den Südstrand in Wyk und zum Hafen geht. Eine Rundtour um die ganze Insel gibt es auch als Radtour, die etwa 40 km lange Eilun Tour (mit Seestern-Symbol). Insgesamt ist es eine schöne Wanderroute, die man auch an anderen Tagen als am Himmelfahrtstag absolvieren kann, dann geht es auf der Strecke auch merklich ruhiger zu.

Wanderung Rund Föhr
powerwalkers.de/rund-um-foehr

7 **Entdecken**
Föhr-Amrum

Der kurze Weg zur Nachbarinsel

Zweimal am Tag Wasser, zweimal am Tag Land. Das Watt ist schon ein besonderer amphibischer Lebensraum, den man sich auf Föhr auch erwandern kann. Neben den naturkundlichen Wattwanderungen, beispielsweise von der Schutzstation Wattenmeer oder dem Nationalpark-Haus veranstaltet, ist die Wattwanderung von Föhr nach Amrum (oder in umgekehrter Richtung) der Klassiker. Die etwa acht Kilometer lange Tour von Großdunsum nördlich von Utersum bis zur Nordspitze Amrums kann man in zwei Stunden gut bewältigen, da das Watt zwischen den Inseln überwiegend sandig und gut begehbar ist. Die Tour sollte man nur unter kundiger Führung machen, weil es doch mancherlei Gefahren im Watt gibt, wie plötzlich aufkommender Nebel, reißende Priele oder schlammige Senken. Auf der Tour nach Amrum, wo auf den meisten Touren auch ein wenig die Lebewelt des Watts vorgestellt wird, ist kurz vor Amrum ein tieferer Priel, das „Mittelloch“, zu durchqueren, in dem das Wasser schon mal über die Knie gehen kann, sodass Shorts oder Badekleidung unter der langen Hose günstig sind. Auf der Nachbarinsel geht es per Bus und Fähre wieder nach Wyk zurück.

Wattwanderung Föhr-Amrum
foehr.de/wattwanderungen

8 Entdecken und Erleben

Um Föhr herum

Eine der letzten großflächigen Naturlandschaften Europas

Föhr ist komplett von einer der letzten vergleichsweise wenig vom Menschen beeinflussten Naturlandschaften, dem Wattenmeer, umgeben. Ein Besuch des als Nationalpark geschützten, amphibischen Lebensraums zwischen Meer und Land gehört zu einem Föhr-Urlaub unbedingt dazu. 80 Prozent der Nordsee-Urlauber geben an, dass Natur und Landschaft ein besonders wichtiges Kriterium für die Entscheidung eines Urlaubs an der Küste gewesen sei. Da spielt der 1985 eingerichtete schleswig-holsteinische Wattenmeer-Nationalpark eine wichtige Rolle. Auch viele der Einheimischen, die anfänglich einem Nationalpark sehr skeptisch gegenüber standen, sind mittlerweile stolz auf ihre Naturlandschaft vor der Haustür und wissen auch um die touristische Anziehungskraft, die ein Nationalpark bewirkt. 1999 wurde der Nationalpark durch ein Walschutzgebiet westlich von Sylt auf eine Größe von 441.000 ha erweitert. Er ist damit der mit Abstand größte Nationalpark Deutschlands. Auch die Ausweisung als Biosphärenreservat „Schleswig-Holsteinisches Wattenmeer und Halligen“ sowie als Weltnaturerbe der UNESCO im Jahre 2009 waren weitere wichtige Auszeichnungen. Zum Kennenlernen dieses einmaligen Lebensraums nehmen die Mitarbeiter

der Schutzstation Wattenmeer, des Nationalpark-Hauses, anderer Naturschutzverbände und auch Privatpersonen, die als ausgebildete Wattführer Touren anbieten (s. Tipp 7), Sie gern mit auf eine ihrer Watt-Führungen.

Nationalpark Schleswig-Holsteinisches Wattenmeer
nationalpark-wattenmeer.de/sh
schutzstation-wattenmeer.de

9 **Erleben**
Wyk bis Utersum

Urlaubsmöglichkeiten für Hunde
Auch Hunde brauchen mal Urlaub und da gibt es auf Föhr reichlich Möglichkeiten. Sechs Hundestrände (in Wyk an den Strandabschnitten 1, 12, 29 u. 30 sowie in Nieblum und Utersum) stehen zur Verfügung, an denen die Hunde frei laufen dürfen. Es gibt etwa 500 hundefreundliche Unterkünfte, Hundeschule, Hundefrisör, Hundeläden, Tierärzte und Tierpensionen. Allerdings gilt an den übrigen Stränden vom 1. April bis zum 31. Oktober ein komplettes Hundeverbot. Ansonsten dürfen Hunde, vor allem im Kurgebiet, auf den Promenaden, Deichen und Wäldern nur angeleint unterwegs sein. In Wyk gibt es aber zudem ein großes Hunde-Auslaufgelände (Strandstraße). Die Anleinpflicht auf den Deichen, in den Marschen und am Nationalpark mag bei der Weitläufigkeit des Geländes zunächst nicht einleuchten. Aber Schafe und Wildtiere geraten schnell in Panik und auch brütende Vögel mit ihren Gelegen und Jungen, die man nicht leicht im Gelände erkennt, sind sehr gefährdet, wenn Hunde frei durch das Gebiet rennen. Auch rastende Vogelschwärme benötigen ihre Ruhe und Zeit, um sich die Fettreserven für die Überwinterung oder die langen Flugstrecken in die nordischen Brutgebiete oder den Zug gen Süden anzufressen. Aber bei Beachtung der Einschränkungen und Nutzung der Möglichkeiten, kann es auch für die geliebten Vierbeiner eine erholsame und interessante Zeit auf der Insel werden.

Urlaub mit Hund
foehr.de/urlaub-mit-hund

10 Entdecken
Wyk bis Utersum

Der gut informierte Strandwanderer

Herrlich – der ausgedehnte Spaziergang am Gestade des Meeres, am Wyker Weststrand, am Goting Kliff, am Utersumer Strand oder vor den Deichen! Bisweilen findet man allerdings manch Unbekanntes, Rätselhaftes, Merkwürdiges und viel Naturkundliches. Von der kleinen Muschel- oder Schneckenschale, über Seesterne, Quallen, Rotalgen und Pelikanfüße bis hin zum Hornhechtskelett und angeschwemmtem Pottwal vermag alles dabei zu sein. Wer nicht genau weiß, was er gefunden hat, kann sich an den „Beach Explorer" der Schutzstation Wattenmeer im Internet wenden. Dort gibt es Bestimmungshilfen für Vögel, Fische, Schalentiere, Insekten, Pflanzen, Würmer und sogar für Steine, Loch- und Röhrenstrukturen, Müll und seltsame Dinge. Den Beach Explorer gibt es zudem als kostenlose App, sodass sich die Funde gleich vor Ort spezifizieren lassen und sie können auch gemeldet werden. Bei besonderen oder unklaren Funden kann der Strandwanderer sich auch direkt an das Expertenteam der Schutzstation Wattenmeer wenden.

Informationen für Strandwanderer
beachexplorer.org

11 Erleben
Gesamte Insel

Vogelkundliche Streifzüge auf der Insel

Seevögel gehören bei den Wanderungen und Radtouren über die Föhrer Marsch und Geest und entlang der Küstenlinien zu den ständigen Begleitern, die sich optisch und akustisch bemerkbar machen. Zur Brutzeit kann man Küsten- und Zwergseeschwalben, Sandregenpfeifer, Rotschenkel, Austernfischer, Säbelschnäbler, Eiderenten und verschiedene Möwenarten an den Stränden, Dünen und Salzwiesen beobachten. In der Marsch brüten Kiebitz, Bekassine, Uferschnepfe, Feldlerche, Brand- und Graugans und andere. Zu den Zugzeiten im Herbst und Frühjahr fallen die großen Schwärme von Zugvö-

geln auf, die auf ihrem ostatlantischen Weg zwischen den arktischen Brutgebieten und afrikanischen Überwinterungsgebieten im nahrungsreichen Wattenmeer Station machen. Alpenstrandläufer, Knutt, Ringel- und Weißwangengans seien beispielhaft erwähnt. Bei Schiffstouren kann man auch mal Hochseevögel wie Baßtölpel, Eissturmvögel oder Lummen sichten oder am Südstrand bei winterlichen Wanderungen den Sanderling entdecken, der geschickt den anrollenden Wellen ausweicht, oder den Steinwälzer, der zwischen den Buhnen nach Nahrung sucht. Von den Deichen lassen sich mit dem Fernglas die Vögel oft gut beobachten, ohne zu stören. Hot Spots für die Vogelbeobachtung sind u. a. die Föhrer Marsch mit dem Andelhof (s. Tipp 10, Seite 76). Die Salzwiesen und Watten vor den Deichen, z. B. im Oldsumer Vorland am Bauwagen der Schutzstation Wattenmeer und die Godelniederung (s. Tipp 7, Seite 108) nebst umliegender Strand- und Wattbereiche. Die Teilnahme an einer von den Naturschutzorganisationen angebotenen vogelkundlichen Führung ist unbedingt zu empfehlen, wie auch die fotografischen Übersichten der Föhrer Vogelwelt des Fotografen Peter Hering (s. Tipp 11, Seite 77).

Vogelbeobachtung auf Föhr und an der Küste
nationalpark-wattenmeer.de/sh/vogelbeobachtung
schutzstation-wattenmeer.de/wissen/tiere/voegel

12 **Entdecken**
Boldixum, Nieblum, Süderende

Die Redenden Steine von Föhr

Auf den Friedhöfen der drei Inselkirchen in Boldixum, Nieblum und Süderende findet man – wie übrigens auch auf dem Kirchhof in Nebel auf Amrum (s. Tipp 8, Seite 166) – eine Vielzahl historischer Grabsteine, die aufgrund ihrer Darstellungen der Lebensgeschichten der Verstorbenen auch als „Redende Steine" bezeichnet werden. Ein Gang über die Inselfriedhöfe ist ein besonderes Erlebnis, bei dem man sich in die Schicksale von Menschen vergangener Jahrhunderte vertiefen kann. Führungen über die Friedhöfe werden auch von den Kirchen angeboten. Die aufrecht stehenden Grabsäulen (Stelen) stammen vor allem aus dem 18. und 19. Jahrhundert, als durch den Walfang ein gewisser Wohlstand auf der Insel herrschte. Neben symbolischen Darstellungen und einem Leitspruch auf der Oberseite folgt meist in verdichteter Sprache der Lebenslauf der Verstorbenen. Symbole sind oft Schiffe, sowohl bei Kapitänen als auch als christliches Symbol für das Ansteuern des Hafens der himmlischen Vollendung. Kreuz, Herz und Anker stehen für die christlichen Tugenden Glaube, Liebe, Hoffnung. Schmetterlinge gelten als Symbole für die unsterbliche Seele. Blumen und Blumensträuße sind Familiensymbole, wobei abgeknickte Blüten früh verstorbene Familienmitglieder symbolisieren. Einer der bekanntesten Grabsteine ist der von Matthias Petersen aus Oldsum, der auf dem Kirchhof von Süderende steht. Er wird der „Glückliche" genannt, weil er auf seinen Fahrten die unglaubliche Zahl von 373 Walen erlegt hat.

Redende Steine

st-laurentii.de/der-friedhof
friesendom.de/Friesendom/alte-Grabsteine
kirche-st-nicolai-foehr.de

13 Erleben
Wyk bis Utersum

Feiner Sand und freier Blick – Föhrer Strandleben

Etwa 15 km feinsandiger Strand stehen für Bad, Freizeit, Erholung und Aktivitäten an Föhrs Südküste zur Verfügung. Durch seine geschützte Lage und flache Wasserverhältnisse sind die Badebedingungen gerade auch für Kinder gut geeignet. Über weite Strecken von Promenaden flankiert gibt es auch Restaurants, Strandbars, Wassersport- und Spielmöglichkeiten und den freien Blick aufs Wattenmeer, Ausflugsschiffe, Seebrücken, Halligen und Nachbarinseln. Gesondert ausgewiesene Hunde- und Drachenstrände, Nichtraucherstrände und ein FKK-Strand bedienen besondere und unterschiedliche Ansprüche der Urlauber. Viele Strandzugänge sind rollstuhlgerecht. In Wyk, Nieblum und Utersum lassen sich auch Strandrollstühle anmieten. Für die Sicherheit am Strand und beim Baden sorgen die ehrenamtlichen Mitarbeiter der Deutschen Lebens-Rettungs-Gesellschaft (DLRG) der Insel Föhr, die an mehreren Stationen den Badebetrieb beaufsichtigen und auch helfend und rettend einschreiten, genauso, wie die Mit-

arbeiter der Deutschen Gesellschaft zur Rettung Schiffbrüchiger (DGzRS) weiter draußen im Meer rund um die Uhr und bei jedem Wetter für Rettungsaktionen bereitstehen (für die Region in Wittdün auf Amrum stationiert). Beide Rettungsinstitutionen leben von Spenden und bedürfen der Unterstützung, um die hilfreichen Dienste durchführen zu können. Einen Strandkorb sollte man sich vielleicht auch noch mieten. Damit dürfte der wochenlangen Stranderholung nichts mehr im Wege stehen. Was hindert einen also noch daran, sich beschwingt in die flachen Fluten der Föhrer Strandküste zu werfen?

Strand- und Badeleben
foehr.de/straende-badestellen
insel-foehr.dlrg.de
seenotretter.de

14 Entdecken
Gesamte Insel

Föhrer Trachten und Traditionen – Friesische Kultur, Geschichte und Sprache

Die Friesen leben seit etwa 1.300 Jahren auf Föhr und viele Elemente ihrer Kultur und Tradition haben sich bis heute auf Föhr, aber auch auf den Nachbarinseln und Halligen sowie dem nordfriesischen Festland erhalten. Das betrifft ebenso die Inselarchitektur wie auch die Friesische Sprache, die auf Föhr Fering (Föhrer Friesisch) heißt und die noch in vielen Inselfamilien gesprochen wird. Ortsschilder präsentieren die friesischen und hochdeutschen Ortsbezeichnungen. Um den Erhalt und die Förderung der friesischen Kultur und Sprache kümmert sich u. a. der Fering Ferian (Föhrer Verein), der 1920 in Oldsum gegründet wurde und unter der Dachorganisation, dem Nordfriesischen Verein, aktiv ist. Wissenschaftlich befasst sich das Nordfriisk Institut in Bredstedt, das auch ein Föhr Lexikon herausgegeben hat, mit der friesischen Sprache, Geschichte und Kultur. Trachten und Bräuche wie das Keknern (s. Tipp 52, Seite 44), das Biikebrennen (s. Tipp 5) oder das Ringreiten spielen auch eine wichtige Rolle. Bei den friesischen Reiterkämpfen, wie wir sie hier einmal nennen, geht es darum, im vollen Galopp vom Pferd mit einer Lanze einen Ring zu treffen und aufzuspießen, der allerdings im Laufe der Wettkämpfe immer kleiner wird, bis der Sieger, der den kleinsten Ring noch erwischen konnte, feststeht. Ein schönes Spektakel, das stets viele Gäste der Insel als Zuschauer anlockt. Viele Informationen zur friesischen Kultur, zum Brauchtum, zur Sprache und Inselgeschichte gibt es bei der Ferring-Stiftung in Alkersum (s. Tipp 17, Seite 82) und im Wyker Friesenmuseum (s. Tipp 50, Seite 42).

Friesisches auf Föhr
foehr.de/traditionen
nf-verein.de
nordfriiskinstituut.eu
ferring-stiftung.de
friesen-museum.de

15 Genießen
Wyk bis Utersum

Das friesische Nationalgetränk

Den Pharisäer findet man in nahezu jedem Café an der Westküste auf der Karte. Dabei handelt es sich um frisch gebrühten Kaffee mit Rum und Zucker sowie Schlagsahne oben drüber. In einer hohen Tasse serviert wird das friesische Nationalgetränk durch die Sahne getrunken. Die oft erzählte Entstehungsgeschichte der Spezialität sei hier nochmal kurz wiedergegeben: Zugetragen hat sich das Ganze auf Nordstrand im 19. Jahrhundert auf einer Tauffeier, auf der auch der strenge Pastor des Orts anwesend war, der keinen Alkoholverzehr duldete. Den Teilnehmern wurde es mit dem reinen Kaffee zu langweilig und so kam etwas Rum hinzu, der durch die Sahne abgedeckt nicht zu riechen war. Als allerdings die Tauffeier mit der Zeit immer fröhlicher wurde, ahnte der Pastor, dass etwas nicht stimmte und kostete an dem mit Sahne abgedeckten Kaffee seines Nachbarn und rief verärgert aus: „Ihr Pharisäer", was dem Getränk dann auch gleich seinen Namen verpasste. Den Rum gibt es auch mit Kakao statt Kaffee. Dann nennt sich das Getränk „Tote Tante".

Pharisäer
schleswig-holstein.de/DE/LandLeute/TypischSH/kueche/pharisaer.html

16 Genießen
Wyk bis Utersum

Von Wein, Bier und Cocktails – Alkoholische Spezialitäten von der Insel
Manch schmackhafte Spezerei kann man auf der Insel kennenlernen wie Salzwiesenlamm, Fischspezialitäten, Friesentorte, Rote Grütze, Süßigkeiten aus der Oevenumer Bonbonmanufaktur, Marmeladen, Käse und landwirtschaftliche Produkte, um nur einige zu nennen. Wir wollen auch einmal einen Blick auf die alkoholischen Besonderheiten Föhrs werfen. Neben Gin und Whisky von der Insel fanden auch Insel-Wein und Sekt des Guts Waalem bereits Erwähnung (s. Tipp 15, Seite 97). Wichtiges traditionelles Föhrer Inselgetränk ist der Manhattan, ein Cocktail aus Whisky und Wermut, serviert mit Cocktailkirsche und Eis. Auswanderer nach Nordamerika, die wieder nach Föhr zurückgekommen sind, haben das Rezept auf die Insel mitgebracht. Mittlerweile ist die Inselspezialität auf allen Feierlichkeiten sowie in den Bars, Kneipen und Restaurants anzutreffen. Zu erwähnen wäre auch noch das Inselbier: Das Biar-Brauhüs in Borgsum produziert es seit 2018, das in ausgewählten Lokalitäten auf Föhr zu bekommen ist. Es gibt Pilsener, India Pale Lager und Schwarzbier. Sollte man mal probiert haben und in diesem Sinne: Sunjhaid! (Friesisch: „Prost" und „Gesundheit").

Inselbrauerei und Weingut
weingut-waalem.de
biar-brauhues.de

17 Erleben und Genießen
Wyk, Boldixum, Nieblum, Utersum

Das große sommerliche Musikfestival im Norden

Das 1986 gegründete Schleswig-Holstein Musik Festival ist eines der größten Flächenfestivals der Welt. Jedes Jahr finden hochklassige Konzerte und Veranstaltungen in ganz Schleswig-Holstein und in Teilen Dänemarks (z.B. Sonderburg), in Niedersachsen und Hamburg statt. Neben Konzerthallen und Kirchen gibt es auch immer wieder Konzerte an ungewöhnlichen, aber stimmungsvollen Spielorten wie Herrenhäusern, Scheunen, Ställen oder alten Industriehallen. Beliebt sind auch die Musikdarbietungen in Parks, die oft mit einem Picknick verbunden werden. Der Schwerpunkt liegt auf der klassischen Musik, aber auch Jazz, Pop, Comedy und Lesungen finden sich im Programm. Die Talentförderung von Nachwuchskünstlern und musikpädagogische Angebote gehören ebenso zum Festival wie der Festivalchor und das Festivalorchester. Spielorte, die aber nicht unbedingt jedes Jahr auf dem Programm sein müssen, sind auf Föhr beispielsweise: die St. Nicolai Kirche in Boldixum, die St. Johannis Kirche in Nieblum, das Gut Waalem in Nieblum, die Strandkorbhalle in Utersum und die W.D.R. Fähre Nordfriesland, die zwischen Dagebüll und Wyk pendelt.

Stiftung Schleswig-Holstein Musik Festival (SHMF)
Einsiedelstraße 6
23554 Lübeck
Tel.: 0451 389570
Ticket Hotline: 0431 237070
shmf.de

18 Entdecken und Genießen
Gesamte Insel

Per Rad die Insel erkunden

Föhr ist eine Radfahr-Insel. Es gibt über 200 km ausgewiesene Radfahrwege und eine ausgezeichnete Radfahr-Infrastruktur mit Rastpunkten, Fahrradverleihen, Hol- und Bringdiensten, Werkstätten und gastronomischen Einrichtungen zur Einkehr sowie reichlich Natur und frischen Wind in den Haaren. Von der Föhr Tourismus GmbH gibt es fünf ausgearbeitete Themenrouten im Angebot (s. Tipp 5, Seite 13). Von Wyk aus starten drei der Touren: Neben der 40 km langen Rund-Föhr Strecke sind dies die Schlemmertour (34 km) bis zur Westseite mit dem Besuch einiger kulinarischer Einrichtungen der Insel sowie der

Kunstweg (21 km), der bis Oevenum führt und vor allem Galerien, eine alte Mühle und die beiden Museen der Insel ansteuert. Die westliche Tour Föhrer Zeitzeugen (22 km) geht von Nieblum bis Utersum und hat vor allem geschichtliche, auch frühgeschichtliche, Aspekte der Insel im Fokus. Die Tour Klaar Kimming (15 km) liegt ebenfalls im Westen der Insel und bietet herrliche Ausblicke auf Strand, Flussniederung, Wattenmeer und die freie Nordsee. Infos, Karten und GPS-Tracks zu allen Touren gibt es im Internet, bei den Tourist-Informationen sowie im Buchhandel.

Radfahren auf Föhr
foehr.de/radfahren

19 **Entdecken**
Gesamte Insel

Dem Plastikmüll den Kampf ansagen
Wenn man nach Sturmfluten den Spülsaum an Deichen und Stränden entlanggeht, kann man das Problem des Plastikmülls in den Meeren hautnah erleben, so auch auf Föhr. Bekannt sind die riesigen Teppiche unhertreibenden Plastikmülls in den Weltmeeren und das Mikroplastik in allen Sedimenten und Böden und auch in der Nahrungskette. Auf Initiative der BUND-Inselgruppe und in Zusammenarbeit mit dem Tourismusverband und anderen Akteuren, wird das Problem auf der Insel angegangen. Zunächst gibt es Beach Clean-Ups, also Müllsammelaktionen zu bestimmten Terminen, sowie Strandmüllboxen an vielen Stellen. Plastikbewusste Ferienunterkünfte und Einkaufen ohne Plastik werden gefördert, sowie Mehrweg statt Einweg, beispielsweise bei wiederverwendbaren Coffee-to-go-Bechern (Faircup). Mehr Informationen gibt es im Büro des BUND, bei der Föhr Tourismus GmbH und bei dem auf Föhr initiierten Projekt „Plastikfrei wird Trend“. Im BUND-Umweltbüro, das auch gleichzeitig das Wohnprojekt „föhreinander“ beher-

bergt, gibt es weitere Infos zu Umweltaktivitäten auf der Insel, wozu beispielsweise der Grünland-, Wiesenvogel- und Biodiversitätsschutz, der Betreuungsauftrag für die Godelniederung, Förderung von Streuobstwiesen, ein Sperrgutbasar zur Müllvermeidung und vieles mehr gehören.

Plastikfreie Insel und Naturschutz
BUND-Büro
Strandstraße 4G
25938 Wyk
T: 04681 7461720
bund-foehr.de
plastikfrei-wird-trend.de
foehr.de/plastikfrei

20 Entdecken
Gesamte Insel

Wo erfahre ich mehr über Föhr?
Was die touristischen Informationen und vor allem die zahlreichen Veranstaltungen auf der Insel betrifft, ist die Föhr Tourismus GmbH die erste Anlaufstelle mit Dependancen im W.D.R.-Gebäude, im AQUAFÖHR und einer mobilen Station in Wyk, im Dörpshus in Nieblum und im Haus des Gastes in Utersum. Lokale Nachrichten bietet der Insel-Bote, der unter diesem Namen bereits seit 1880 die Insulaner informiert und heute zum Schleswig-Holsteinischen Zeitungsverlag (sh:z) in Flensburg gehört. Das kleine kostenlose Föhrer Blatt „Wir Insulaner“, ein Magazin von HGV und DEHOGA, wird an alle Haushalte verteilt und liegt in Geschäften aus. Reisebücher gibt es reichlich in den Buchläden und in der Wyker Stadtbücherei. Das Magazin „Föhr – Die schönsten Seiten der Insel“, von der Medienmanufaktur Sylt herausgegeben, bringt aktuelle Geschichten und die Fotos von Harald Bickel, der auch künstlerische Ausstellungen, wie beispielsweise die „Spiegelbilder“ mit neuen Föhr-Ansichten in Wyk und Anderswo veranstaltet. Wichtige aktuelle Übersichten liefern „Was man

über Föhr wissen sollte“ von Georg Quedens, „111 Orte auf Föhr, die man gesehen haben muss“ von Sina Beerwald und „Das Föhr-Lexikon“ von Harry Kunz und Thomas Steensen. Wer noch tiefer in die Materie einsteigen und auch historische Aufnahmen einsehen möchte, wendet sich an die Ferring-Stiftung in Alkersum, wo sich auch das Insel-Archiv befindet, das im Jahre 2011 aus Husum wieder zurück auf die Insel gekommen ist.

Informationen über Föhr
foehr.de
shz.de/lokales/insel-bote
wirinsulaner.de
tvsylt.de
ferring-stiftung.de

21 Entdecken
Gesamte Insel

Föhr-Freunde unter sich
Stars und Prominente haben ihre Fan-Gemeinde. Warum soll nicht auch eine Insel eine treue Gruppe von Fans und Freunden haben, die sich zusammenschließen? Der Club der Föhr-Freunde hat sich bereits 1998 zusammengefunden und besteht aktuell aus rund 1.400 Mitgliedern aus Urlaubsgästen und Einheimischen. Die Föhr-Freunde erhalten durch ihre Mitgliedschaft, die für jeden Interessierten möglich ist, nicht nur dreimal im Jahr die Club-Zeitung mit aktuellen Neuigkeiten und Veranstaltungen von der Insel, sondern genießen auch weitere Vorteile wie beispielsweise die Möglichkeit der Teilnahme an einer Brückenführung auf einer der W.D.R.-Fähren. Wöchentliche Treffen und weitere Aktivitäten, Führungen und Besichtigungen finden für die Mitglieder statt. Gelegentlich werden Projekte und Institutionen, die im Zusammenhang mit Föhr stehen, unterstützt.

Der Club der Föhrfreunde
foehr.de/club-der-foehr-freunde

Ausflüge in die Region

1 **Entdecken**
Amrum – Nebel

Das höchste Leuchtfeuer der deutschen Nordseeküste

Es gibt insgesamt zwar noch drei Leuchttürme auf der Insel, aber wenn von dem Amrumer Leuchtturm die Rede ist, kann nur einer gemeint sein. Das im Südwesten der Insel in den Dünen gelegene Seezeichen ist das höchste Leuchtfeuer der deutschen Nordseeküste. Das über 40 Meter hohe Amrumer Wahrzeichen mit den markanten rot/weißen Streifen wurde 1875 in Betrieb genommen und kann in den Sommermonaten besichtigt werden. Fast 200 schweißtreibende Stufen trennen den Besucher von dem tollen Ausblick, der von der Halligensilhouette im Südosten über die Nachbarinseln Föhr im Nordosten und Sylt im Norden vor allem über ganz Amrum und die offene Nordsee schweift. Ein Muss für jeden Inselbesucher, vorab aber auf jeden Fall über die Öffnungszeiten informieren.

Leuchtturm Amrum
Tanenwai 46a
25946 Nebel
Weitere Informationen, auch zu den Öffnungszeiten bei:
AmrumTouristik Wittdün
Inselstr. 14
25946 Wittdün auf Amrum
T. 04682 94030
amrum.de

2 **Entdecken**
Amrum – Westküste

Amrums „Wanderstrand"

Der Begriff „Wanderstrand" für den sogenannten Kniepsand ist auf doppelte Weise passend, aber teilweise doch nicht ganz richtig. Einerseits lässt es sich herrlich auf der flachen Sandebene spazieren und am Meer entlangwandern, andererseits wandert der Sand auch selbst. Nämlich nach Osten, getrieben von Strömungen und dem vorherrschenden Westwind. Denn strenggenommen handelt es sich beim Kniepsand, der die gesamte Westküste der Insel von Wittdün bis zur Odde bedeckt, gar nicht um einen Teil der Insel, sondern um eine Sandbank, bei deren Wanderung durch die Nordsee Amrum nun mal im Weg liegt. Auf einige Jahrzehnte alten Karten ist der Kniepsand beispielsweise zum Teil noch mehrere hundert Meter vor der Küstenlinie eingezeichnet. Im Verlauf von vielen Jahren wird diese Sandmasse die Insel umrundet haben und weiter in Richtung Schleswig-Holsteins Küste wandern. Also sollte man die Gelegenheit nutzen und auf dem scheinbar endlosen, teilweise bis zu zwei Kilometer breiten Sandstrand am Wasser entlangwandern. Wer länger verweilen möchte, kann den Hängematten am südlichsten Zipfel der Sandbank einen Besuch abstatten und es sich mit Blick auf die Nordsee gemütlich machen. Auch die tierischen Inselbewohner erfreuen sich an dem Kniepsand, der vor allem für zahlreiche Vogelarten ein wichtiges Brutgebiet und einen Lebensraum darstellt. Abgesehen vom Uferstreifen ist daher auch der Kniepsand an der Amrumer

Odde (s. Tipp 5) sowie die Südostspitze bei Wittdün unter Schutz gestellt.

Kniepsand
Weitere Informationen unter: amrum.de

3 Erleben
Amrum – Norddorf

Vogelfang, Naturerlebnis und Archäologisches

Wie auf etlichen weiteren Nordseeinseln,wurde auch auf Amrum Mitte des 18. Jahrhunderts nach holländischem Vorbild eine sogenannte Vogelkoje errichtet. Ein großer, viereckiger See lockte ziehende Wildenten an, woraufhin diese in Seitenkanäle gescheucht und anschließend in Reusen gefangen wurden, um die von Fisch geprägten Mahlzeiten der Inselbewohner zu bereichern. Einige Jahre lang war der Fang so ertragreich, dass bei Nebel eine Konservenfabrik zur Verarbeitung des Fangs errichtet wurde. Seit 2011 wird das Areal

als Naturerlebnisraum aufgearbeitet. Auf einem Bohlenweg lässt sich der Kojensee umrunden, wobei die restaurierten Seitenkanäle, auch Pfeifen genannt, mit Nachbildungen der Reusen die ursprüngliche Fangmethode veranschaulichen. Zahlreiche Infotafeln klären den Besucher über die unterschiedlichen Elemente der Vogelkoje, aber auch über die Flora und Fauna der umgebenden Landschaften auf. Neben einem hochwertigen Kinderspielplatz erwarten den Besucher im restaurierten Kojenwärterhäuschen eine kleine Ausstellung sowie ein Imbiss, wo man sich bei Kaffee und Kuchen stärken sollte. Denn der Rundgang durch den Naturerlebnisraum ist noch längst nicht beendet. Vorbei an dem, den Besucher misstrauisch beäugenden Damwild, folgen wir einem Bohlenweg, der durch die Dünen zu einer Ausgrabungsstätte mehrerer eisenzeitlicher Gebäude führt. Bereits vor über 2.000 Jahren war das Gelände des heutigen Amrums besiedelt, das jetzige Wattenmeer glich dank dem um etliche Meter tiefer liegenden Meeresspiegel eher einer Sumpflandschaft und auf dem Geestkern, der die heutige Insel bildet, errichteten die Bewohner zahlreiche Gebäude. Die von Wanderdünen verdeckten Überbleibsel wurden erst vor einigen Jahren entdeckt und lassen sich unweit des Bohlenwegs erahnen. Auf einem der alten Fundamente wurde in mühsamer Handarbeit der Nachbau eines solchen Gebäudes errichtet und bietet dem Besucher einen faszinierenden Einblick in die damalige Lebens- und Arbeitswelt. Wer noch etwas Zeit übrig hat, sollte auf jeden Fall dem Bohlenweg für etwa einen Kilometer weiter folgen bis zum, in der Ferne bereits sichtbaren, Leit- und Quermarkenfeuer, auf dem sich von einer Aussichtsplattform ein herrlicher Rundumblick auf die Dünenlandschaft und die Nordsee bietet.

Vogelkoje Meeram
25946 Nebel
Weitere Informationen unter:
amrum.de/freizeitangebote/nebel/a-vogelkoje-meeram

4 Erleben
Amrum – Norddorf

Amrums Tierwelt hautnah kennenlernen
Im Jahr 1988 wurde dem alten Norddorfer Schwimmbad, in den Dünen direkt am Strand gelegen, mit der Einrichtung des Naturzentrums neues Leben eingehaucht. Der Besucher soll einen genauen Einblick in die natürliche Lebensweise ausgewählter auf Amrum anzutreffender Tiere und deren Lebensräume erhalten. Genutzt werden dazu Dioramen mit Muscheln, Krebsen, aber auch Säugetieren und Vögeln. Das Highlight der Ausstellung ist das Skelett eines 2014 auf der Insel gestrandeten Schweinswals. Er gehört zusammen mit Seeadler, Seehund und Kegelrobbe sowie dem durch Überfischung ausgestorbenen Stör zu den größten Lebewesen des Wattenmeers. Sie alle sind als Präparate in der Ausstellung zu begutachten. In zahlreichen Aquarien erwarten den Besucher die kleineren Bewohner des Wattenmeeres wie zum Beispiel Krebse, unterschiedlichste Fischarten, Schnecken und Muscheln. Ergänzt wird die naturkundliche Ausstellung durch das „Maritur" mit kulturhistorischen Themen und Exponaten zur Lebensweise der Amrumer im 18. und 19. Jahrhundert.

Naturzentrum Amrum
Strunwai 31
25946 Norddorf / Amrum
T. 04682 1635
naturzentrum-amrum.de

5 Entdecken
Amrum – Norddorf

Vogelschutzgebiet an Amrums Nordspitze

Die Amrumer Odde, eine zwei Kilometer lange und nur knapp 200 Meter breite Dünen- und Strandlandschaft im Norden der Insel ist eine der ökologisch bedeutsamsten Landschaften Amrums. Die vor allem als Brut- und Rastplatz für unzählige Vogelarten wichtigen Dünen und Strandbereiche sind daher ganzjährig für die Öffentlichkeit gesperrt. Möglich – und auch sehr empfehlenswert – ist es allerdings, unmittelbar entlang der Wasserkante die Halbinsel auf einer etwa vier Kilometer langen Wanderung zu umrunden. Herings- und Silbermöwen sowie Eiderenten nutzen die bis zu 40 Meter hoch aufragenden Dünen als Brutgebiete, während die Strandbereiche von den stark gefährdeten Zwergseeschwalben und Sandregenpfeifern genutzt werden. Ornithologisch Interessierte sollten also auf jeden Fall ein Fernglas im Gepäck haben. Aber auch der Blick aufs Wasser ist lohnenswert, lassen sich hier doch mit etwas Glück Kegelrobben und Seehunde oder sogar Schweinswale beobachten. Der Verein Jordsand e. V. betreut nicht nur das seit 1934 ausgewiesene Schutzgebiet, sondern auch eine kleine Hütte an der Südgrenze der Odde, von wo aus ehrenamtliche Vogelwärter Führungen durch das Gebiet anbieten.

Amrum Odde
25946 Norddorf / Amrum
Telefonische Anmeldung zur Führung: 04682 2332
jordsand.eu/Schutzgebiete/amrum-odde

Genießen
Amrum – Norddorf

Friesische Köstlichkeiten im alten Wirtshaus

Auch wenn das aktuelle Ual Öömrang Wiartshüs nach einem verheerenden Brand 1986 neu aufgebaut wurde, konnte das ursprüngliche, wohl bis in das 18. Jahrhundert zurückgehende, friesische Ambiente durch Wiederverwendung vieler originaler Bauteile erhalten werden. Und auch in den Speisen spiegelt sich die Tradition. Die fein ausgewählten Gerichte mit dem erwarteten Fokus auf Fisch umfassen die Klassiker wie Schollenfilet, Labskaus oder Krabbensuppe, wobei Wert auf die Verwendung regionaler und vor allem auch saisonaler Zutaten gelegt wird. Abgerundet wird die Speisekarte durch leckere Desserts, empfehlenswert hier die selbstgebackene Friesenwaffel oder die Rote Grütze. Die umfas-

sende Weinkarte dürfte auch Kenner zufriedenstellen. Im neu errichteten Nebengebäude kann man darüber hinaus in liebevoll friesisch eingerichteten Suiten mit Wattenmeerblick den Urlaub genießen.

Ual Öömrang Wiartshüs
Bräätlun 4
25946 Norddorf/Amrum
T. 04682 836
uoew.de

7 Genießen
Amrum – Norddorf

In den Himmel über Amrum

Wer die schönsten Sonnenuntergänge auf Amrum erleben will, sollte die sogenannte Himmelsleiter, die auf eine hohe Düne am Kniepsand westlich von Norddorf führt, erklimmen. Vom Minigolfplatz beziehungsweise vom großen Parkplatz im Ort aus, gelangt man bequem über den Bohlenweg, der zum Schutz der Dünen nicht verlassen werden sollte, sozusagen in den Himmel. Der unbeschreibliche Ausblick reicht nicht nur über die gesamte Insel und den Kniepsand, sondern Richtung Norden erblickt man die Südspitze von Sylt und Richtung Nordosten die Westküste der Nachbarinsel Föhr. Auch an Wochenendtagen in der Hochsaison verirren sich meist nur wenige Besucher hierher, sodass man in Ruhe den Ausblick genießen kann.

Aussichtsplattform Himmelsleiter
Düüwdääl
25946 Norddorf/Amrum
amrum.de/freizeitangebote/norddorf/a-aussichtsduene-himmelsleiter

8 Entdecken
Amrum — Nebel

Die sprechenden Steine von Amrum

Die Mitte des 13. Jahrhunderts erbaute St. Clemens-Kirche in Nebel ist nicht nur die älteste, sondern auch die größte Kirche der Insel. Besonderes Highlight ist hier allerdings nicht die Kirche selbst, sondern die sogenannten sprechenden oder erzählenden Grabsteine. In diese über 150, teilweise mehrere hundert Kilogramm schweren Steine aus Sandstein sind über und über Erzählungen, Texte und Zeichnungen eingemeißelt. Solch wertvolle Arbeiten konnten sich nur sehr wohlhabende Inselbewohner, zumeist Seefahrer oder Walfänger leisten. Die Inschriften sind häufig Nacherzählungen ihrer Lebensgeschichte. Die Grabdenkmäler, die überwiegend aus dem 17., 18. und 19. Jahrhundert stammen, waren jahrzehntelang kreuz und quer auf dem Gelände verteilt und durch die falsche Lagerung schwerer Verwitterung ausgesetzt, bis ein Verein die Steine in mühsamer Handarbeit restaurieren und 2014 an ihrem heutigen Platz aufstellen ließ. Eine faszinierende Gelegenheit quasi aus erster Hand etwas über die Lebensweise der Amrumer Seefahrer vor 300 Jahren zu erfahren.

St.-Clemens-Kirche und erzählende Grabsteine
Hööwjaat 2
25946 Nebel
T. 04682 2389
erzaehlende-steine.de

9 Entdecken
Amrum — Nebel

In der Wohnung eines Amrumer Seefahrers

Faszinierende Einblicke in ein historisches Friesenhaus aus dem 18. Jahrhundert bietet das Öömrang Hüs in Nebel. Das weit über 300 Jahre alte, reetgedeckte Haus wird vom Heimatverein Öömrang Ferian betrieben und kann als Abbild der damaligen

Zeit besichtigt werden. Mehrere Räume sind originalgetreu eingerichtet, so zum Beispiel die Wohnstube mit den berühmten, blau-weiß lackierten friesischen Fliesen und einem original „Bilegger“, einem gusseisernen Ofen, der von der Küche aus befeuert wurde. Die winzigen Alkoven-Betten lassen den Besucher etwas ratlos zurück, sind sie doch nicht einmal groß genug für ein Kind. Auflösung des Rätsels: Geschlafen wurde damals im Sitzen.

Öömrang Hüs
Waaswai 1
25946 Nebel
T. 04682 4120
oeoemrang-hues.de

10 Entdecken
Amrum — Nebel

Schleswig-Holsteins älteste Windmühle als Baudenkmal

Als die weithin sichtbar auf einer Anhöhe am Südrand von Nebel gelegene Holländerwindmühle 1770 nach Amrum kam, war sie bereits 100 Jahre alt. Die somit älteste Windmühle Schleswig-Holsteins wurde 2013 umfangreich restauriert und beherbergt nun das Heimatmuseum. Interessant sind also nicht nur die noch voll funktionsfähige Mechanik der Mühle, sondern auch die zahlreichen Exponate zur Amrumer Geschichte und Kultur, Tiere und Pflanzen der Insel, aber auch wechselnde Ausstellungen mit Kunstwerken und Bildern. An Sonn- und Feiertagen werden günstige Witterungsbedingungen sogar noch genutzt, um die Mühlenflügel im Nordseewind laufen zu lassen. Im Museum lernt man auch die sogenannte Mühlensprache kennen, sodass man in Zukunft bereits von Weitem feststellt, ob der Müller nur eine Pause oder bereits Feierabend gemacht hat.

Amrumer Windmühle
Waasterstigh 36
25946 Nebel
T. 01515 1266634
amrumer-windmuehle.com

11 Genießen
Amrum – Wittdün

Die erste Adresse für Fischbrötchen

Für viele gehört das Fischbrötchen zu Amrum wie der Leuchtturm oder der Kniepsand. Glücklicherweise sind es vom Fähranleger bis zum möglicherweise leckersten Backfischbrötchen der Insel nur wenige hundert Meter. Trotzdem sollte man sich beeilen, korreliert doch die Länge der Warteschlange eindeutig mit Ankunfts- und Abfahrtszeiten der Fähren. Teilweise entwickelt sich ein wahres Wettrennen, sobald die Fährschranke geöffnet wird. Doch die Wartezeit lohnt sich. Stets fangfrischer Fisch, knusprige Brötchen, frischer Salat und würzige Soße vereinen sich zur leckeren norddeutschen Spezialität. Ein besonderer Tipp sind auch der Klassiker Fish & Chips, die Fischwraps oder der selbstgebeizte Lachs. Auf das Prädikat „selbst gemacht" wird überhaupt großer Wert gelegt; der Räucherfisch kommt aus dem eigenen Ofen und der Matjes wird noch selbst eingelegt. Ein Besuch gehört zum Pflichtprogramm aller Fischliebhaber.

Scholle's Fisch-Butze
Inselstraße 34
25946 Wittdün auf Amrum
T. 01512 9806715

12 Entdecken und Erleben
Insel Sylt

Die raue, wilde und quirlige Nachbarinsel

Die große Schwester Föhrs, Sylt, ist deutlich rauer und wilder, aber auch hektischer als das beschauliche Föhr. Erreichbar ist die nordische Berühmtheit entweder über den Landweg oder als Ausflugsfahrt, wobei der Umweg über Amrum zu nehmen ist. Es geht mit dem Katamaran „Adler Rüm Hart" nach Amrum und von dort mit dem High-Speed-Schiff „Adler Express" nach Hörnum. Dann stehen einem 40 km herrlichster Weststrand, Brandung, reichlich Natur und ein umfängliches touristisches Angebot zur Verfügung. Man kann beispielsweise in Hörnum bleiben, die Südspitze umwandern, das Hafenflair genießen oder sich in der Arche Wattenmeer der Schutzstation Wattenmeer über den Naturschutz und Nationalpark Wattenmeer informieren. Schön ist eine Radtour durch die Dünen nach Rantum mit Abstecher zur legendären Sansibar, Umrundung des Rantum Beckens und Zieleinlauf in Westerland. Dort fährt man direkt hin (per Inselbus), wenn man mehr Strandleben, Promenadengang und Shopping-Erlebnis wünscht. Ein Besuch des Friesendorfs Keitum, bei dem

sich der Föhr-Urlauber etwas an Nieblum erinnert fühlt, ist ebenfalls beliebt. Für Natur- und Geologie-Freunde geht es zum Morsum Kliff im Osten Sylts. Ins mondäne Kampen oder in den Norden der Insel kann man sich auch aufmachen und in List beispielsweise den Ellenbogen erwandern, den Hafen unsicher machen oder das Erlebniszentrum Naturgewalten Sylt besichtigen. Aber für einen Tagesbesuch muss man sich dann doch gezielt entscheiden, was man von dem reichen Angebot der Insel besichtigen möchte.

Nachbarinsel Sylt
foehr.de/ausfluege-nachbarinseln-halligen
sylt.de

13 Entdecken Hallig Hooge

Die Königin der Halligen

Im Sommer kann man die Hallig von Wyk aus anfahren und die zehn bewohnten Warften besuchen, wie die Anhöhen, auf denen die Häuser stehen, genannt werden. Das Land zwischen den Warften wird auf den Halligen bei höheren Fluten vom Meer überspült, auf Hooge allerdings wegen seines Sommerdeichs um die Hallig nur maximal fünf- bis zehnmal im Jahr. Vom Anleger können Sie die Hallig per Pferdekutsche, per Fahrrad oder zu Fuß entdecken. Interessant ist ein Besuch der Halligkirche, bei der der Sand- und Muscheluntergrund unter dem Gestühl beachtenswert ist, damit bei Fluten eingedrungenes Wasser nach unten versickern kann. Am meisten Trubel herrscht auf der Hanswarft, wo die Besucher die Einkehr- und Einkaufsmöglichkeiten, das Heimat- und Halligmuseum, das Hooger Sturmflutkino

und das Erlebniszentrum Mensch & Watt der Schutzstation Wattenmeer ansteuern. Der Königspesel, ein Kapitänshaus aus dem 18. Jahrhundert, gibt Einblick in die frühere Wohnkultur der Seefahrer.

Touristikbüro Hallig Hooge
Hanswarft 1
25859 Hallig Hooge
T. 04849 9100
hooge.de

14 Erleben
Hallig Langeneß

Die größte und längste der Halligen

Die Hallig Langeneß (Lange Nase), die mit der benachbarten Hallig Oland und dem Festland über einen Feldbahndamm verbunden ist, gilt mit einer Länge von etwa 10 km als die längste und größte der nordfriesischen Halligen. Für einen Tagesausflug hat man nur einige Stunden, dennoch kann man einige der Attraktionen der Hallig in dieser Zeit absolvieren. Dazu gehört beispielsweise das Kapitän Tadsen Museum, das über das frühere Leben auf der Hallig berichtet. Interessant sind auch die 1894 erbaute Halligkirche, die sich zusammen mit der Schule auf der Kirchwarft befindet, der Leuchtturm und die Bockmühle nebst dem Nachbau der auf dem

Damm verkehrenden Segellore. Für die Naturfreunde ist das Infozentrum Nationalpark und Biosphäre Halligen am Fähranleger interessant, ebenso wie das Informationszentrum der Schutzstation Wattenmeer auf der Peterswarft. Hier können Sie auch an mehrtägigen Seminaren und Veranstaltungen des Naturschutzvereins teilnehmen und dabei die ganz eigene Stimmung eines Halligaufenthalts erleben, was bei dem kurzen Tagesausflug nicht so leicht möglich ist.

Tourismusbüro der Halligen Langeneß und Oland
Ketelswarft 1
25863 Hallig Langeneß
T. 04684 217
langeness.de

15 Entdecken
Hallig Gröde

Ursprüngliches Hallig-Feeling

Die kleine Hallig Gröde vermittelt noch am ehesten einen Eindruck vom idyllischen und abgeschiedenen Halligleben. Auf Gröde leben zusammen mit der benachbarten Hallig Apelland aktuell zehn Einwohner. Sie ist damit eine der kleinsten Gemeinden Deutschlands. Nicht verwunderlich, dass Gröde Wahlergebnisse meist als erste mitteilen kann. Auf der Kirchwarft stehen die 1779 errichtete Reetdachkirche und die Schule, die allerdings in Ermangelung schulpflichtiger Kinder auf der Insel geschlossen ist. Herrlich ist ein Besuch der Hallig im Sommer, wenn Halligflieder, Strandaster und Meerstrandbeifuß in den Salzwiesen blühen. Im Herbst besiedeln viele Vögel, wie u. a. Ringel- und Weißwangengänse, auf ihrem Zug die Salzwiesen. Auch ein winterlicher Besuch der Hallig hat seinen besonderen Reiz; dann ist allerdings keine Anreise von Föhr aus möglich.

Gästeinfo Hallig Gröde
Knudswarft
25869 Hallig Gröde
T. 04674 302
groede.de

16 Erleben
Insel Helgoland

Mit Highspeed zur Hochseeinsel

Von Wyk aus können Sie nach Helgoland, Deutschlands einziger Hochseeinsel, einen Tagesausflug unternehmen. Mit der MS Adler Rüm Hart geht es nach Amrum und von dort mit dem schnellen Katamaran MS Adler Cat weiter nach Helgoland. Am Hafen der Felseninsel fallen zunächst die farbenfrohen Hummerbuden auf, in denen sich heute Läden, Restaurants und Galerien befinden. Wenn Sie dann das Schnäppchen-Shopping ohne Zollgebühren und Mehrwertsteuer erledigt haben (Höchstmengen beachten!), die Helgoländer Spezialität, den Hummer und am Nachmittag noch einen Eiergrog genossen haben, können Sie sich der weiteren Sehenswürdigkeiten der Insel widmen, als da sind: das Helgoland-Museum, das über Geschichte, Kultur und Menschen der Insel berichtet, die Vo-

gelwarte, das Felswatt am Fuße der Langen Anna und der Lummenfelsen. Trottellumme, Tordalk, Baßtölpel, Dreizehenmöwe und Eissturmvogel brüten in Deutschland nur auf Helgoland. Das ist ein eindrucksvolles Spektakel zur Brutzeit im Frühjahr. Auch ein Abstecher zur Düne lohnt sich, nicht nur zum Nordsee-Baden, sondern auch um Kegelrobben zu beobachten oder Fossilien und Muscheln zu sammeln. Und wer das alles bei dem Kurzausflug nicht schafft, kann vielleicht einmal einen längeren Aufenthalt auf der attraktiven Hochseeinsel einplanen.

Helgoland Tourismus Service
Tourist Information
Lung Wai 27 (im „atoll")
27498 Helgoland
T. 04725 808808
helgoland.de

17 Entdecken
Dagebüll

Startpunkt zur Insel Föhr

Den Hafen von Dagebüll kennen die meisten Föhr-Urlauber, da von hier fast alle Anreisenden zur grünen Insel übersetzen. Aber man kann in Dagebüll auch das eine oder andere entdecken und durchaus einmal einen Blick ins nähere Hafenumfeld werfen. Einen Spaziergang

auf dem Deich, vorbei an den bunten Badebuden von 1926 bis zum kleinen Leuchtturm, kann man einplanen, wenn bis zur Abfahrt der Fähre noch etwas Zeit ist. Man kann auch eine gesamte ausgeschilderte zweistündige Deichwanderung unternehmen (Ausschilderung Deichsymbol mit Wolken und Möwen). Zudem weisen 13 Infotafeln auf Besonderheiten und Sehenswürdigkeiten hin wie beispielsweise das Schöpfwerk, den denkmalgeschützten als Wohnraum genutzten Leuchtturm, die Lorenbahn zur Hallig Oland, den bei Sturmfluten verschließbaren Deichdurchlass, die sogenannte Stöpe, die Kirche St. Dionysius von 1731, den Warftfriedhof und die Muschelfabrik. So kann man abseits des hektischen Hafentreibens ein wenig Ruhe genießen und die Deich-und Warftenlandschaft um Dagebüll etwas kennenlernen.

Dagebüll-Hafen
Tourist-Information
Nordseestraße 1
25899 Dagebüll
T. 04667 95000
nordfrieslandtourismus.de

18 Erleben
Niebüll

Der Museumsstopp auf dem Weg zu den Inseln

Für die Anreise nach Dagebüll-Mole zur Abfahrt der Fähre geht es mit dem Auto und vor allem per Bahn über Niebüll. Mit der Bahn erfolgt dort der Umstieg auf den Zug der Norddeutschen Eisenbahn Niebüll (neg), die direkt bis zum Fähranleger nach Föhr und Amrum hinüberfährt. Meist erfolgt hier nur der schnelle Wechsel auf den nächsten Zug, aber es lohnt sich durchaus ein kleiner Aufenthalt, wartet die Kleinstadt doch mit gleich drei interessanten Museen auf. Das Friesische Museum zeigt in einem denkmalgeschützten, über 200 Jahre alten, klassischen Langhaus mit einer reichen Sammlung die Wohn- und Lebensweise der Friesen in der vorindustriellen Zeit. Im nahegelegenen Naturkundemuseum kann sich der Gast anhand einer umfangreichen Ausstellung mit Exponaten und Informationstafeln über die heimische Tier- und Pflanzenwelt, deren Wandel im Laufe der Jahre und Bedrohungen informieren. Freunde der modernen Kunst werden vermutlich das Richard-Haizmann-Museum ansteuern, welches nicht nur Werke des Malers und Bildhauers zeigt, sondern in wechselnden Sonderausstellungen auch Raum für Exponate anderer Künstler bietet. Bei schlechtem Wetter ist Niebüll für einen Museumstag definitiv einen Ausflug wert, oder man legt einen Zwischenstopp bei der An- oder Abreise ein.

Museen in Niebüll

Friesisches Museum
Osterweg 76
25899 Niebüll
T. 0175 4146185
friesisches-museum.de

Naturkundemuseum Niebüll
Hauptstraße 108
25899 Niebüll
T. 04661 5691
nkm-niebuell.de

Richard-Haizmann-Museum
Rathausplatz
25899 Niebüll
T. 04661 1010
haizmann-museum.de

19 Entdecken
Husum

Die Storm-Stadt, das Tor zur Insel- und Halligwelt

Nicht nur für einen Regentag kann man mal einen Abstecher in das per Bahn schnell erreichbare Husum unternehmen, Theodor Storms „graue Stadt am grauen Meer“. Diese gibt sich heutzutage allerdings eher bunt und quirlig. Das beginnt bereits im frühen Frühjahr, wenn der Schlossgarten durch ca. 4 Millionen blühende Krokusse in ein blaulilafarbenes Blütenmeer getaucht ist. Das anliegende Schloss vor Husum mit dem Museum lohnt ebenso einen Besuch wie das Nordfriesland-Museum (Nissenhaus), das Schifffahrtsmuseum, das Weihnachtshaus, das Storm-Museum oder das Ostenfelder Bauernhaus. Über den Nationalpark Wattenmeer informiert die naturkundliche Ausstellung der Schutzstation Wattenmeer im Nationalparkhaus am Hafen. Dort kann man auch gleich das maritime Flair des Städtchens einsaugen, ein Fischbrötchen genießen oder sich in einem der zahlreichen Restaurants frischen Fisch servieren lassen. Die bunte Stadt am Meer, wie sie sich jetzt nennt, ist übrigens auch eine Einkaufsstadt, wo man vielleicht noch die eine oder andere Besonderheit aufstöbern kann.

Tourist-Information Husum, Husumer Bucht
Großstraße 27
25813 Husum
T. 04841 89870
husum-tourismus.de

20 Erleben Friedrichstadt

Klein Amsterdam in der Eider-Treene-Sorge-Niederung

Wer sich in Friedrichstadt vorkommt, als wäre er irgendwo in den Niederlanden, liegt gar nicht so falsch. Die nach ihm benannte Stadt wurde von Herzog Friedrich III. gegründet. Er hat vor 400 Jahren (Gründung 1621) religiös verfolgte Holländer hier angesiedelt und ihnen Glaubensfreiheit zugesichert. Friedrichstadt gilt bis heute als „Stadt der Toleranz“. Fünf Gotteshäuser gibt es in der Stadt und die Remonstrantenkirche ist die einzige ihrer Art außerhalb der Niederlande. Erholsam ist eine Grachtenfahrt oder ein Spaziergang durch das ruhige Städtchen mit dem gotikähnlichen Brunnenhäuschen am Markt und dem Ensemble von Treppengiebelhäusern. Ein Besuch der Ehemaligen Synagoge, des Stadtmuseums „Alte Münze“, des Tischlereimuseums oder der Modelleisenbahn-Ausstellung sind ebenso interessant wie die historischen Gebäude, das Paludanushaus, das Fünfgiebelhaus oder das Doppelgiebelhaus. Beachtenswert sind die interessanten Hausmarken an den Gebäuden, die uns Hinweise auf die Erbauer oder Bewohner der Häuser liefern.

Tourismusverein Friedrichstadt und Umgebung e. V.
Am Markt 9
25840 Friedrichstadt
T. 04881 93930
friedrichstadt.de

21 Entdecken
Bergenhusen

Den Charaktervogel unserer Flussniederungen und Feuchtgebiete live erleben

Der markante Weißstorch ist ein Charaktervogel unserer norddeutschen Feuchtgebiete und Niederungen. Er ist allerdings durch die Intensivierung der Landwirtschaft und Trockenlegung von Feuchtgebieten selten geworden. Brüteten im Jahr 1907 noch rund 2.700 Paare in Schleswig-Holstein ist der Bestand in manchen Jahren unter 200 Paare gesunken. Heute liegt er bei etwa 250 bis 300 Paaren. Das Storchendorf Bergenhusen ist eine gute Möglichkeit, den Meister Adebar zu erleben. Bis zu 19 Paare brüten in dem Dorf, man kann sie direkt an ihren Brutplätzen oder in den umliegenden Niederungen der Eider-Treene-Sorge beobachten. Das Michael-Otto-Institut im NABU informiert im Medauhaus des Ortes in einer hübschen interaktiven Ausstellung über *Ciconia ciconia*, wie der Storch wissenschaftlich heißt, den Naturschutz und weitere Vogelarten der Region. Ein Gang durch die Niederung oder zum Colsrakmoor ist ebenso lohnend wie ein Dorfrundgang zu den Brutplätzen, zur Dorfmühle

„Margaretha" oder zur barocken Dorfkirche von 1712, die gegenüber des Landgasthofs „Hoier Boier" gelegen ist. Das ist die Bezeichnung für den Weißstorch in der Region.

Michael-Otto-Institut im NABU
Medauhaus
Goosstroot 1
24861 Bergenhusen
T. 04885 570
bergenhusen.nabu.de

22 Erleben
Tönning

Das Weltnaturerbe Wattenmeer kennenlernen und erleben

Wer sich für die Lebensräume Wattenmeer und Nordsee, den Nationalpark, seine Lebenswelt und Eigenheiten interessiert, der sollte dem Multimar Wattforum einen Besuch abstatten. Wer mit dem Auto aus Richtung Süden von Hamburg über die A 23 in Richtung Husum und nach Dagebüll anreist, kann leicht einen Schlenker fahren und sich die umfangreiche Ausstellung ansehen, in der man gut einige Stunden verbringen kann. Auch per Bahn ist Tönning gut erreichbar. Fast 40 Aquarien von kleiner Haushaltsgröße bis zum gigantischen Becken mit 250.000 Litern Fassungsvermögen und ihre über 280 Arten zählenden, heimischen Bewohner erwarten den Besucher. Die unterschiedlichen Meeres- und Küstenlebensräume werden vorgestellt und Informationen zu Flora und Fauna geboten, wobei auch auf die Gefährdung des Wattenmeers beispielsweise durch Klimaerwärmung, Versauerung der Meere oder Tourismus eingegangen wird. Besonders beeindruckend ist das 17,5 Meter lange Skelett eines etwa 25 bis 30 Jahre alten Pottwals, der ein zentrales Element der Ausstellung darstellt. Ein weiterer Ausstellungsteil über die Wildnis und Wildtiere in der Marschlandschaft soll 2023 hinzukommen, wobei die im Bau befindliche Otternanlage mit Innen- und Außenbereich im Mittelpunkt stehen wird, in der man lebende Fischottern wird beobachten können. Ein Restaurant sorgt für das leibliche Wohl und Familien mit Kindern können sich über einen großen Spielplatz freuen. Anschließend kann man noch einen Abstecher in die Stadt an der Eider und ihren Hafen unternehmen.

Multimar Wattforum
Dithmarscher Straße 6a
25832 Tönning
T. 04861 96200
multimar-wattforum.de

23 Entdecken und Genießen
Seebüll

Künstlerisches Highlight in einsamer Landschaft

Das etwas an den Bauhausstil erinnernde frühere Wohn- und Atelierhaus Emil Noldes (1867–1956), das 1927 von ihm selbst entworfen wurde, steht auf einer Anhöhe inmitten der flachen nordfriesischen Landschaft. Es beherbergt heute noch original möblierte Zimmer und das Atelier des Künstlers, in dem die religiösen Bilder ausgestellt sind. Im 1. Stock werden die farbenfrohen Aquarelle und Druckgraphiken in jährlich wechselnden Ausstellungen präsentiert. Besuchenswert ist auch der Garten, der ein Gesamtkunstwerk für sich darstellt, und eine besondere Vielfalt an farbenprächtigen Blüten vom Frühjahr bis zum Herbst bietet. Es gibt zudem einen Museumsshop und das Café Seebüll mit einer Auswahl herzhafter Gerichte und verschiedener Kuchen. Nolde beabsichtigte mit seiner Stiftung und dem Museum etwas Besonderes abseits der mit ihren Angeboten oft überfrachteten Städte zu schaffen und sagte: „Ganz gegensätzlich diesem, sollen in unserem kleinen Gewese in ländlicher einfacher Natur die Menschen unserer engeren Heimat einerseits, und andererseits – bildlich gesprochen – der suchende, geistige Wanderer aus allen Landen, eine bescheidene, besondere Stätte finden, wo ihm etwas Glück und künstlerisch-geistige Erholung gegeben wird." Ob ihm dies gelungen ist, mögen Sie bei einem Besuch des Nolde-Anwesens in Seebüll selbst entscheiden.

Nolde Museum
Seebüll 31
25927 Neukirchen
T. 04664 983930
nolde-stiftung.de

24 Erleben
Ribe

Architektonische und kulturelle Highlights in Dänemarks ältester Stadt

Ein Abstecher ins nahe Nachbarland nach Dänemark ist von Dagebüll per Auto oder Bahn möglich, beispielsweis ins 80 km entfernte Ribe. Die Anfänge der Stadt gehen bis in das 8. Jahrhundert zurück. Die hübsche, von vielen kleinen Gassen durchzogene Altstadt lässt sich hervorragend zu Fuß erkunden. Sehenswert sind die Überreste des „Riberhus" am nordwestlichen Stadtrand. Von dem Schloss aus dem 12. Jahrhundert sind noch der imposante Schlosshügel, von dem aus sich ein herrlicher Ausblick über die Altstadt bietet, sowie der umgebende Wassergraben und Reste der Bauwerke erhalten. Zentral gelegen dominiert der Dom zu Ribe die Altstadt, im romanisch-gotischen Stil vermutlich im 12. Jahrhundert erbaut, wartet das Gotteshaus mit einem schlichten Inneren, reich verzierter Orgel und antikem Taufbecken auf. Der sogenannte Bürgerturm kann bestiegen werden und bietet nach

Überwinden der 248 Treppenstufen eine grandiose Rundumsicht aus 52 Metern Höhe. Sehenswert sind außerdem das nahegelegene Dominikanerkloster aus dem 13. Jahrhundert, das Wikingermuseum sowie das Kunstmuseum. Ein ganz besonderes Highlight und auf jeden Fall einen Besuch wert, ist das „Ribe VikingeCenter" etwa drei Kilometer südlich der Altstadt gelegen. In einer Art Freilichtmuseum kann der Besucher in die Lebenswelt der Wikinger eintauchen. Originalgetreue Bauwerke werden von Darstellern bewohnt und versetzen den Besucher in die Zeit von vor über 1.000 Jahren.

Besucherinformationscenter Ribe
Altes Rathaus von Ribe
Von Støckens Plads
DK-6760 Ribe
T. +45 75 421500
vadehavskysten.de

Schleswig-Holstein
Die schönsten Radtouren
Hans-Dieter Reinke
Daniel Hugenbusch
David Hugenbusch
240 Seiten
978-3-8319-0465-5

Radfahren ist nicht nur en vogue, sondern gehört auch zu den beliebtesten Aktivitäten der Urlaubsgäste Schleswig-Holsteins. Das Land hat sich längst auf die Bedürfnisse der Radler eingestellt und bietet radfahrerfreundliche Unterkünfte, Themen-Strecken und Fernradwege, Radverleihstationen und vielfältiges Informationsmaterial. So macht Radfahren Spaß, finden die Autoren dieses Radreiseführers und haben 30 ausgearbeitete Radtouren zusammengestellt, die die Vielfalt der Landschaften und regionalen Besonderheiten abbilden, zu interessanten Sehenswürdigkeiten führen und dazu anregen, Natur und Menschen intensiv kennenzulernen. Karten der Touren, fotografische Eindrücke und Adressangaben sowie Tipps von A-Z runden diesen handlichen Reiseführer ab. Eine Einladung, sich in den Sattel zu schwingen und das Land zwischen den Meeren dort zu erkunden, wo es am schönsten ist.

Schleswig-Holstein
Die schönsten Ausflugsziele
Zeitungsverlag sh:z
Verlag Ellert & Richter
192 Seiten mit 150 Abbildungen
und 2 Karten
978-3-8319-0764-9

In diesem praktischen, mit vielen Tipps und Hinweisen versehenen Ausflugs-Verführer werden von Karin Lubowski , Hans Dieter Reinke, Daniel und David Hugenbusch, Redakteuren des Schleswig-Holsteinischen Zeitungsverlags und der Redaktion des Ellert & Richter Verlags die attraktivsten Tagesziele in Schleswig-Holstein vorgestellt.
Im Fokus stehen zum Beispiel:

- die Seehundstation In Friedrichskoog,
- ein Besuch des Leuchtturms Westerheversand auf Eiderstedt,
- die tiefste Stelle Deutschlands in der Wilstermarsch
- das Nolde-Museum in Seebüll,
- die Halbinsel Holnis an der Flensburger Förde
- der Nord-Ostsee-Kanal
- Fehmarn und seine Künstler
- das Brothener Steilufer
- die Eulenspiegelstadt Mölln

Für jeden ist etwas dabei: für Naturliebhaber und Kunstinteressierte, für Rad- und Fuß-Wanderer, für Genießer und die es werden wollen.

Bildnachweis

Umschlagabbildungen:
© Foehr Tourismus GmbH: o. li. (Oliver Franke); mi. li. / u. re. (Hergen Schimpf); mi. re. (Oliver Franke)
Huber Images, Garmisch-Partenkirchen: o. re. (Christian Bäck); u. li. (Günter Gräfenhain)

Innenteil:
Alle Abbildungen von Hans-Dieter Reinke, Daniel Hugenbusch, außer

AmrumTouristik AöR: S. 165
Föhrer Adventure Golf & Maislabyrinth: S. 105
© Föhr Tourismus GmbH / Foto Moritz Kertzscher: S. 46
Peter Hering (privat): S. 78
Hotel Upstalsboom © Paul Schirmweg: S. 47
Huber Images, Garmisch-Partenkirchen: S. 60 (Günter Gräfenhain), 100 u. 107 (Cornelia Dörr), 115 (Christian Bäck)
IMAGO / Shotshop: S. 30
Schutzstation Wattenmeer: S.49
Wikimedia Commons: S. 22 (F. Riedelio), 53 (Walter Rademacher), 57 (Friedrich Haag), 136 (Arnoldius), 161 (Jörg Braukmann), 179 (Hjart)

Alle Angabe in diesem Buch wurden gewissenhaft geprüft. Preise, Öffnungszeiten etc. können sich aber schnell ändern. Daher können Autoren und Verlag keine Gewähr für die Richtigkeit übernehmen.

Stand: April 2022

Für Anregungen, Berichtigungen und Ergänzungsvorschläge sind wir dankbar. Bitte senden Sie diese per Email an:
presse@ellert-richter.de

Impressum

Bibliografische Information der Deutschen Nationalbibliothek
Die Deutsche Nationalbibliothek verzeichnet diese Publikation in der Deutschen Nationalbibliografie; detaillierte bibliografische Daten sind im Internet über http://dnb.d-nb.de abrufbar.

ISBN 978-3-8319-0787-8

Texte: Daniel Hugenbusch und Hans-Dieter Reinke
Redaktion: Raphael Iwanczuk und Wiebke Prestin, Hamburg
Kartografie: David Hugenbusch;
Grunddaten: (c) OpenStreetMap.org contributors (ODbL); Höhendaten: NASA's SRTM (Public Domain); alle Karten: CC BY-SA 2.0
Gestaltung: BrücknerAping, Büro für Gestaltung GbR, Bremen
Gesamtherstellung: CPI books GmbH, Leck
www.ellert-richter.de
www.facebook.com/EllertRichterVerlag
instagram: @ellert_richter_verlag